AMOR PROPIO A PRUEBA DE BALAS

Cómo Evitar que las Palabras y Opiniones de los Demás no te Afecten al Crear una Autoestima Inquebrantable

ISAIAH GLISSON

© **Copyright 2022 – Isaiah Glisson - Todos los derechos reservados.**

Este documento está orientado a proporcionar información exacta y confiable con respecto al tema tratado. La publicación se vende con la idea de que el editor no tiene la obligación de prestar servicios oficialmente autorizados o de otro modo calificados. Si es necesario un consejo legal o profesional, se debe consultar con un individuo practicado en la profesión.

- Tomado de una Declaración de Principios que fue aceptada y aprobada por unanimidad por un Comité del Colegio de Abogados de Estados Unidos y un Comité de Editores y Asociaciones.

De ninguna manera es legal reproducir, duplicar o transmitir cualquier parte de este documento en forma electrónica o impresa.

La grabación de esta publicación está estrictamente prohibida y no se permite el almacenamiento de este documento a menos que cuente con el permiso por escrito del editor. Todos los derechos reservados.

La información provista en este documento es considerada veraz y coherente, en el sentido de que cualquier responsabilidad, en términos de falta de atención o de otro tipo, por el uso o abuso de cualquier política, proceso o dirección contenida en el mismo, es responsabilidad absoluta y exclusiva del lector receptor. Bajo ninguna circunstancia se responsabilizará legalmente al editor por cualquier reparación, daño o pérdida monetaria como consecuencia de la información contenida en este documento, ya sea directa o indirectamente.

Los autores respectivos poseen todos los derechos de autor que no pertenecen al editor.

La información contenida en este documento se ofrece únicamente con fines informativos, y es universal como tal. La presentación de la información se realiza sin contrato y sin ningún tipo de garantía endosada.

El uso de marcas comerciales en este documento carece de consentimiento, y la publicación de la marca comercial no tiene ni el permiso ni el respaldo del propietario de la misma.

Todas las marcas comerciales dentro de este libro se usan solo para fines de aclaración y pertenecen a sus propietarios, quienes no están relacionados con este documento.

Índice

Introducción   vii

1. Primeros pasos hacia la autoestima como hábito   1
2. Los hábitos de la gente feliz   13
3. Deja de ser malo contigo mismo   37
4. Las cosas malas pasan (¡Acéptalo!)   63
5. La disciplina para la autoestima positiva   79
6. Comienza a ver los cambios   95
7. Cambiar de perspectiva   105
8. Sé feliz contigo mismo   125

Conclusión   165

Introducción

Cambiar tus ideas de autoestima puede ser un dolor de cabeza porque están tan arraigadas en tu cerebro que cualquier cosa que vaya en contra te parece mal. Te ha costado años formar esos hábitos, así que es lógico que no se vayan a cambiar en un par de días.

Este libro está pensado para guiarte en el proceso de cambio de hábitos con un reto. A lo largo de los próximos días, harás pequeños cambios que te llevarán a dejar un hábito del que quieres deshacerte y a adquirir buenos hábitos de autoestima.

Lo importante es asegurarse de que sólo se centra en un mal hábito a la vez. No quieres sobrecargar tu cerebro y cuanto más fácil sea, más probable será que realmente hagas el cambio.

Introducción

Dicho esto, quiero que me prometas ahora mismo que darás lo mejor de ti en estos próximos días.

Algunas de las cosas que vas a hacer van a ser más fáciles que otras, así que tendrás que estar mentalmente preparado para lo que pueda pasar. Incluso tenemos un día que habla de sentirse incómodo, y eso es perfectamente normal. No te compliques, y empecemos.

1

Primeros pasos hacia la autoestima como hábito

IMAGINA QUE ESTÁS de viaje por carretera. El viaje es largo y tedioso, y estarás en la carretera durante muchas horas, incluso días, tal vez. Vas bien encaminado, pero tu coche empieza a quedarse sin combustible. Hay una gasolinera justo delante, pero decides ignorarla. Estiras el combustible todo lo que puedes porque eres tonto e irresponsable. Más adelante, tu coche se queda sin gasolina y te quedas tirado.

No es el fin del mundo, porque tienes opciones. Puedes ir andando a la gasolinera más cercana, o incluso empujar el coche hasta allí si tienes fuerzas; puedes llamar a la asistencia en carretera y esperar a que te rescaten, o puedes dejar que el universo te ayude. Independientemente de lo que decidas hacer con respecto a tu situación, no cambiará el hecho de que te has puesto en esta situación porque has sido lo suficientemente irresponsable como para ignorar el indicador de gasolina.

Esta analogía sirve para entender el punto, pero es un escenario poco probable porque la mayoría de la gente tiene el sentido común de llenar sus depósitos cuando puede. La triste realidad es que la mayoría de la gente no tiene el sentido común de mantenerse con el mismo nivel de consideración.

Una comparación más cercana sería la de los ordenadores o cualquier dispositivo informático que se pueda valorar como una posesión. Si bien el funcionamiento interno de los ordenadores es complicado, podemos simplificar su operación uniendo sus dos facetas más importantes: el hardware y el software.

El primero es el aparato físico: la placa base de tu ordenador, el monitor, la torre, el teclado, el ratón, etc. El segundo es el sistema operativo, la codificación y todas las aplicaciones o programas que utilizas en tu ordenador. La mayoría de la gente entiende la diferencia entre ambos, pero a menudo olvidamos que uno sin el otro es prácticamente inútil.

. . .

El software puede estar en perfecto estado de funcionamiento, pero si tu monitor se rompe o deja de responder, no podrás acceder a él. Lo mismo ocurre si la batería de tu teléfono se agota, o si tu teclado pierde su voluntad de vivir.

Por otro lado, todos hemos tenido que lidiar con la agonía de un gran hardware, pero con un software incompatible, con problemas de memoria o con las temidas actualizaciones que son necesarias para que nuestros ordenadores sigan funcionando.

Tu cuerpo y tu mente tienen una relación similar. La salud fisiológica y la mental son dos caras de la misma moneda. Se cree (y se observa) que nunca se es realmente lo mejor que se puede ser si falta una de ellas. Esto no quiere decir que las personas con discapacidades o trastornos psicológicos nunca puedan ser felices. Por supuesto que sí. De hecho, hablaré de la positividad y la salud mental más adelante en este libro.

Sin embargo, nadie puede negar que la vida presenta más obstáculos a quienes tienen problemas de salud, ya sean físicos o mentales. Cuando hay dificultades, la negatividad está garantizada y, a menudo, las personas que luchan de esta manera tienen que esforzarse más para encontrar todos los aspectos positivos que las personas sanas y sin problemas tienden a dar por sentado. Independientemente de su condición, tengo una pregunta para usted. ¿Por qué no te cuidas?

Si eres una de esas personas que se inclinan por mentirme a mí y a ti mismo, diciendo tonterías como "¡Yo sí me cuido, tú no me conoces!", me gustaría señalar que obviamente no estás viviendo tu mejor vida, de lo contrario no necesitarías que te dijera cómo hacerlo.

La mayoría de nosotros se limita a sobrevivir; a practicar lo que estamos obligados a hacer para mantenernos vivos y fuera del hospital. Comemos, nos hidratamos y dormimos cuando podemos o tenemos que hacerlo. Pero en el momento en que algo exige más de nosotros -como el trabajo, o incluso algo tan estúpido como ver una serie entera en dos días-, estas cosas, las necesarias para nuestra supervivencia, son las primeras en verse comprometidas. Y entonces, cuando nos sentimos como una mierda por la mañana, o tenemos hambre hasta el punto de tener arrebatos emocionales, o estamos corriendo con tan poco sueño que nos duelen los huesos, nos preguntamos por qué no podemos ver el lado bueno.

Sólo hay uno de ustedes, y si su hardware está estropeado, su software no les servirá como es debido. Así que el primer paso, y probablemente el más importante, que tendrás que dar hacia la positividad es la mejora de la salud. Cuidarse es vital para sentirse bien.

Cuerpo sano, mente sana

Hay alguien que me gustaría que conocieras. Se llama ciencia, y me va a ayudar a demostrar que la salud y la felicidad son simbióticas. Créame cuando le digo que hay innumerables pruebas que apoyan la correlación entre una buena salud física y una buena salud mental y emocional.

Puede que no lo sepas, pero todo lo que experimentas es una reacción química en tu cerebro. El romance es el mejor ejemplo de ello. Tal y como descubrieron los investigadores de Harvard, la sensación inicial de enamoramiento es literalmente de ansiedad gracias a la afluencia de cortisol, más conocida como la hormona del estrés. Esta es la razón por la que se sienten mariposas en el estómago cuando se ve, se habla o incluso se piensa en alguien que nos atrae. El malestar, el nerviosismo, la aceleración del corazón, el sudor en las palmas de las manos, la falta de aliento y otros síntomas del romance, son el miedo físico, la forma que tiene el cerebro de prepararse para una crisis, como detallaron en su estudio los investigadores de Harvard antes mencionados.

. . .

La razón por la que se siente bien es porque el cortisol no es la única sustancia química que el cerebro libera en el amor.

También se produce dopamina, la sustancia química de la felicidad, que provoca sensaciones de euforia y recompensa.

También se producen picos observables de oxitocina -la hormona del amor- para que te sientas satisfecho, seguro y contento, y también una hormona menos conocida llamada vasopresina, que permite el apego emocional y la creación de vínculos.

Además, los cambios en la química del cerebro apagan literalmente el centro de negatividad del cerebro, por lo que es biológicamente posible drogarse con el romance, y también explica por qué los recién enamorados son tan insufriblemente felices.

El amor es la respuesta más comentada en los seres humanos, pero la premisa de por qué nos hace sentir como lo hace -siendo una reacción química que no podemos controlar- se aplica a todas las cosas que nos hacen sentir bien. Más allá del romance, la dopamina, la serotonina, la oxitocina y las endorfinas son necesarias para la felicidad y el placer y, por asociación, producir cantidades suficientes de cada una de ellas podría convertirte en una persona más positiva. La cuestión es cómo se puede hacer para producir más de estas sustancias químicas de la felicidad.

Puede que no te guste, pero la respuesta ha estado ahí todo este tiempo, probablemente sólo la has ignorado o negado.

Cuidarse a sí mismo -haciendo ejercicio, comiendo bien, esforzándose por disfrutar de la vida, meditando y durmiendo lo suficiente- mejora la capacidad de nuestro cuerpo para producir y liberar lo bueno.

Por otro lado, los hábitos malos y poco saludables los suprimen.

Un ejemplo de ello es un estudio en animales, en el que se sobrealimentó a ratas con comida basura. El resultado fue que sus receptores de dopamina perdieron potencia y, por tanto, se necesitaron mayores niveles de comida basura para sentirse bien. Así es como funciona la adicción a las cosas poco saludables. Crees que eres feliz, pero en realidad, tu capacidad de sentir placer está atrofiada. A medida que pasa el tiempo, necesitas más y más de las cosas malas para sentir cantidades minúsculas de satisfacción.

Con la dopamina, en particular, una deficiencia conlleva una variedad de síntomas horribles. Entre ellos se incluyen problemas físicos como dolores musculares, pérdida de apetito, cambios de peso, pérdida de equilibrio y vulnerabilidad a la neumonía; pero los efectos psicológicos son sencillamente inquietantes. La falta de dopamina puede provocar cambios de humor, desesperanza, desmotivación, ansiedad y depresión, pensamientos suicidas, insomnio, delirios y alucinaciones, pérdida de autoconciencia y autoestima, y tristeza y culpa inexplicables. Si esto no retrata perfectamente cómo un cuerpo sano permite una mente sana, entonces no sé qué lo hará.

En algunos casos, es posible que se produzca una cantidad excesiva de las sustancias químicas buenas, lo que también repercute negativamente en la salud, el comportamiento y la mentalidad. Utilizando de nuevo el ejemplo de la dopamina, un exceso de ella puede hacer que pierdas tus inhibiciones y te vuelvas imprudente.

También te volverás más agresivo y menos empático y puedes ser susceptible de sufrir trastornos como el Trastorno Obsesivo-Compulsivo (TOC), esquizofrenia y paranoia, manía y adicción.

. . .

Todo con moderación se aplica a cada una de estas sustancias químicas de la felicidad, y la clave para utilizarlas adecuadamente y en su beneficio es ayudar a su cuerpo a equilibrar su producción. Si produces suficientes sustancias químicas de la felicidad, tu perspectiva de la vida mejorará.

Arréglate

Ahora viene la parte difícil. Para mantener una actitud positiva, tendrás que equilibrar y mantener los niveles de sustancias químicas buenas en tu cuerpo. Claro, son sustancias químicas y las fluctuaciones son inevitables, pero eso no significa que debas utilizar la variabilidad como excusa para dejar tu estado de ánimo, tu punto de vista, tu autoestima o tu mentalidad al azar. No cuidarte de esta manera es primordial para despertar y elegir que vas a estar triste, apagado, deprimido o negativo. Puede que no tengamos un control total sobre nuestros procesos biológicos, pero eso no significa que no podamos opinar en absoluto.

Así que, al primer paso. Vas a tener que arreglarte a ti mismo. ¿Recuerdas la analogía del coche?

Cuando algo no te parece bien mientras conduces, tu primer instinto sería averiguar qué está mal y tomar las medidas necesarias para corregirlo. ¿Por qué? Porque conducir un coche que no es apto para la carretera es un peligro e ignorar las señales de advertencia podría acarrear un arco iris de problemas. Tu coche podría estropearse y dejarte tirado en el mejor de los casos. En el peor de los casos, podrías provocar accidentes horribles e incluso mortales. Si algo no te parece bien, llevarás tu coche a un mecánico para que lo revise. Te costará dinero, sí, pero menos que una emergencia. Es algo que simplemente haces, aunque tengas que apretar los dientes o morder la bala para llevarlo a cabo.

Del mismo modo, su cuerpo también necesita un servicio, y el grado de reparación y mantenimiento depende de su estado actual.

Es normal sentirse aturdido de vez en cuando, al igual que lo es sentirse cansado, estresado o decaído. Debo reiterar que ser feliz todo el tiempo no es natural ni saludable, así que no te castigues cada vez que te sientas triste. Sin embargo, si estás persistentemente deprimido, está claro que algo va mal y es tu responsabilidad arreglarlo. No puedo ayudarte a determinar exactamente qué es lo que no funciona bien, pero sí puedo ayudarte a reducirlo.

En cuanto a las felices deficiencias químicas, hay muchas causas subyacentes. La mala alimentación, la falta de ejercicio, el estrés, la escasez de sueño, el consumo excesivo de alcohol y drogas (incluida la cafeína) y el tabaquismo contribuyen a prolongar los niveles insuficientes de dopamina, serotonina y oxitocina. Pero la cosa no acaba ahí. A veces la deficiencia se deriva de un trastorno neurológico preexistente. También puede ser producto de problemas médicos como problemas de tiroides, obesidad o incluso un efecto secundario o una reacción contraria a la medicación. Los cambios hormonales (como en la pubertad, la menopausia, el embarazo o las transiciones sexuales) también pueden suprimir la producción.

Verás que, de los anteriores, algunos factores están fuera de tu control, pero la mayoría de ellos se pueden gestionar. Es seguro suponer que si te relacionas con los factores que puedes controlar, el motivo por el que no lo haces es porque te da pereza hacerlo.

No digo esto para ser malo. Todos tenemos un toque de pereza. Sin embargo, hay una diferencia entre pasar el día en la cama y la pura desidia. Lo más probable es que si tu visión de la vida es sombría, es porque no te estás esforzando por llevar una vida sana. Tampoco es culpa tuya.

Somos criaturas de conveniencia. Pero si tienes alguna esperanza de mejorar, tendrás que hacer dos cosas.

En primer lugar, debes aprender a decir no a las cosas que son malas para ti. Segundo, tendrás que trabajar en las cosas que son buenas para ti. Ninguna de las dos cosas será divertida.

2

Los hábitos de la gente feliz

No te sorprendas si ya has oído todo lo que voy a decir antes, pero debo reiterarlo a pesar de todo, por si no te das cuenta de la verdad y la seriedad de este consejo.

Las personas con éxito -las personas felices y positivas- tienen hábitos similares, llevan estilos de vida parecidos y tienen la misma mentalidad poderosa, una que no les frena, incluso cuando las cosas se ponen difíciles. Esto se debe a que las personas exitosas y positivas no ven el aquí y el ahora. Esto no quiere decir que los que tienen éxito no puedan apreciar lo que tienen, pueden hacerlo y lo hacen.

La diferencia es que planifican con antelación y se centran en los resultados, no en las circunstancias. Es fácil que alguien diga que para ser feliz y estar sano hay que hacer más ejercicio, pero a la hora de la verdad, el ejercicio es difícil.

Es una pérdida de tiempo, es aburrido, es una agonía y -si no tienes acceso a un equipo o a un espacio seguro para hacer ejercicio y tienes que apuntarte a un gimnasio- también es caro. Por no mencionar que el ejercicio suele ir acompañado de inseguridad. Tal vez no veas los resultados tan rápido como esperabas. Tal vez te enfrentes a un juicio en las redes sociales porque te has atrevido a posar para tu foto del "antes" y a la gente no le gusta tu aspecto. Puede ser que sientas que no te esfuerzas lo suficiente porque te saltas las sesiones debido a otras obligaciones, o simplemente por pura pereza o agotamiento. Estas dificultades son circunstanciales, pero son lo suficientemente dominantes como para desviarte hasta que decidas que no vale la pena y te rindas.

Eso es negatividad en toda regla. La positividad es lo contrario. Es decirte a ti mismo que siempre habrá críticas, pero que estás orgulloso de haber sido lo suficientemente valiente como para fotografiarte a ti mismo, aunque no sea una foto halagadora. El positivismo es decirse a uno mismo que ha pagado por la suscripción al gimnasio y que va a obtener el valor de su dinero. Es recordarte a ti mismo que Roma no se construyó en un día y que si sigues luchando contra el dolor, con el tiempo tendrás la figura que deseas, o tu presión arterial y tu colesterol bajarán, o perderás suficiente peso para sentirte bien contigo mismo.

El positivismo es tanto permitirse descansar cuando realmente no puedes empujar más porque te mereces un descanso, como ponerte en marcha, aunque sea diez minutos al día sin importar lo cansado que estés para no desviarte del camino: eso depende de ti. Al final de todo, la positividad es saber lo que quieres, y elegir conseguirlo, independientemente de la negatividad que te susurra tu cerebro en esos momentos de dificultad.

Para llevar el mensaje a casa, la positividad no es más que un compromiso. Puedes elegir a qué te comprometes: a ti mismo, a tu salud, a tu apariencia o incluso a la determinación de mantener la cabeza alta en los momentos difíciles.

Las personas positivas no lo tienen más fácil que los demás, simplemente son más eficientes a la hora de ignorar sus dudas.

Entonces, ¿cómo te comprometes con la positividad? Claro, puede que no estés en una situación desesperada y, por tanto, no tengas necesidad de engendrar innovación, pero aun así puedes comprometerte a mandar a la mierda tu negatividad para conseguir lo que debes para vivir una buena vida. Puede que no te conviertas en multimillonario al final, pero tendrás un cuerpo sano y, por tanto, aumentarás tus posibilidades de tener una mente sana y positiva.

Las siguientes son algunas cosas que deberían estar en tu lista de cosas por hacer, sin excusas.

Ponte en forma

Lo entiendo. Tampoco quiero que me digan que tengo que pasar por el dolor físico para sentirme bien. Sólo quiero escribir mis libros y ayudar a la gente, no correr en cintas de correr y levantar pesas y tirar de los músculos o caerme de cabeza y otras cosas maravillosamente divertidas que suceden cuando no sabes lo que estás haciendo en el gimnasio. Sin embargo, el ejercicio es realmente beneficioso para la salud fisiológica y psicológica.

No quiero sonar a tópico, pero nuestro cuerpo es una maravilla, y si sabes un par de cosas sobre biología, sabrás exactamente a qué me refiero al decirlo. Todo en nosotros tiene su lugar y fue diseñado para funcionar perfectamente como una sola unidad. Durante la mayor parte de la historia de la humanidad, creímos que nuestros apéndices no servían para nada. Qué tontos fuimos al pensar que estábamos hechos con errores. Se ha teorizado, y ahora se acepta, que el trabajo del apéndice es almacenar bacterias buenas y por lo tanto ayudar a tu salud intestinal. Ninguna parte de tu cuerpo es independiente de sí misma. Si fueras una máquina, tu cerebro sería el centro de control (¡y debo decir que serías el mejor modelo que existe!). Sin embargo, no sería una comunicación unidireccional. Tu cerebro controla tu cuerpo, pero tu cuerpo alimenta a tu cerebro. Por eso, mantenerlo en plena forma puede mejorar tu estado de ánimo y tu perspectiva. No nos gusta estar enfermos, porque funcionamos mejor cuando estamos sanos.

Piensa en cómo un simple resfriado puede arruinar tu día, incluso si todo lo demás está bien en tu vida. Del mismo modo que tu ordenador o tu coche funcionan mejor y más rápido si los mantienes, tienes que esforzarte por cuidarte.

Es el mejor servicio que puedes hacer a tu cuerpo. Cuidarte a ti mismo hará que tu cuerpo funcione lo mejor posible mientras sigas haciéndolo. Más allá de la salud física y de la comodidad de tener un cuerpo que funciona, también hay un impacto significativo en tu salud mental.

El ejercicio libera endorfinas, las sustancias químicas de la felicidad de las que hablamos. De hecho, es tan eficaz para producir endorfinas que el ejercicio se considera un medio legítimo para combatir la depresión. Y no acaba ahí. Los estudios demuestran que el ejercicio también libera dopamina y serotonina, las dos sustancias más importantes que pueden influir en el estado de ánimo. Un estudio animal menos conocido también muestra que el ejercicio hizo que los cerebros de los ratones produjeran también oxitocina, por lo que es probable que ocurra lo mismo en los humanos. Además, el ejercicio reduce las hormonas del estrés, como la adrenalina (relacionada con la ansiedad) y el cortisol.

¿Se da cuenta de lo que esto significa?

El ejercicio permite la producción de todas las sustancias químicas significativas para la felicidad, y elimina las hormonas dañinas que juegan un papel en hacer que te sientas nervioso, ansioso o abrumado. Todos los puntos de esta sección son importantes y no deberían pasarse por alto si te tomas en serio el trabajo contigo mismo. Pero el ejercicio está en una liga propia porque sus beneficios son innegables.

Comer bien

Al igual que con el ejercicio, hay varias razones por las que deberías comprometerte a llevar una dieta sana y equilibrada. La razón obvia es que la comida es el combustible, y si te quedas sin él, te pondrás de mal humor. Estar hambriento, como lo llaman los niños de hoy, es algo realmente científico. Cuando no comes lo suficiente, tu cuerpo piensa literalmente que tu vida está en peligro y se ponen en marcha respuestas de supervivencia como la agresividad. Eso sí que es ser una reina del drama.

Por muy divertida que sea la "percha", sigue siendo algo serio. Si no comes lo suficiente, estarás en modo de supervivencia cuando no deberías estarlo. Si has notado que tu estado de ánimo ha cambiado drásticamente y que estás inusualmente irritable o de mal genio, alimentarte podría ser perfectamente la solución.

Además, tenemos que volver a las sustancias químicas de la felicidad, porque comer también las libera, pero no de la forma que se podría pensar. Un fascinante estudio realizado por investigadores finlandeses descubrió que comer libera endorfinas. Pero, sólo comer comida basura -pizza en este caso- desencadena nuestra respuesta de placer. La comida sana -una bebida nutritiva con las mismas calorías que la pizza- liberó más endorfinas, pero no indujo ninguna respuesta de placer. La conclusión es que comer nos hace felices, aunque no sea una experiencia físicamente agradable.

Así que hay dos maneras de ver esto. Por un lado, si quieres sentir placer, no deberías privarte de tus caprichos favoritos con demasiada frecuencia. Hay pruebas sólidas de que es mucho más que un placer culpable, es algo que disfrutamos de verdad. Sin embargo, por otro lado, la comida sana es mejor para nosotros, ya que se observan más endorfinas cuando la consumimos. Es más eficaz para mejorar el estado de ánimo a lo largo del tiempo ceñirse a lo bueno, aunque la experiencia no sea tan buena.

Esto último se recomienda más allá de la salud mental, por supuesto, porque la comida basura puede tener efectos fisiológicos perjudiciales en exceso. Llevar una dieta equilibrada también va de la mano de hacer ejercicio (y perder peso).

Pero, ¿qué es una dieta "equilibrada"? Sinceramente, hay tantas opiniones al respecto que es imposible dar una respuesta directa. Algunas personas creen que las dietas extremas, como la dieta cetogénica o el ayuno intermitente, son las más beneficiosas, mientras que otras dicen que son potencialmente perjudiciales y no son buenas para nosotros.

Una persona puede seguir una dieta vegana, otra puede seguir la ruta carnívora. Qué y cuándo comer es una decisión que tendrás que tomar y hacer tu propia investigación, pero lo que puedo decirte es que cualquier dieta que valga la pena pondrá énfasis en los tres componentes más importantes de la nutrición: carbohidratos, grasas buenas y proteínas. Son los componentes básicos de tu cuerpo y te proporcionan energía, así que tienes que asegurarte de que ingieres cantidades saludables y suficientes de ellos.

Por esta razón, creo que un plan de dieta llamado Si se ajusta a tus macros (IIFYM) es un buen lugar para empezar.

La premisa es que comas lo que quieras, ya sea comida basura o de otro tipo, siempre que cumpla con tu ingesta diaria recomendada de estos macronutrientes en función de tus dimensiones y edad. Añadiré la advertencia de que debes consultar a un médico antes de empezar cualquier dieta, pero ésta es prometedora y merece la pena estudiarla si te tomas en serio lo de comer bien, perder peso o cambiar tu forma de disfrutar de la comida.

Duerme, maldita sea

Me he dado cuenta de que bromear sobre la serotonina, o la falta de ella, es una nueva tendencia en las redes sociales. Esta generación -que bebe demasiado café, trabaja demasiado y no ha descubierto que el ejercicio hace maravillas con la mente- culpa a la reducción del sueño de su ausencia. Pero dormir no da serotonina. La serotonina hace posible el sueño, así que si tiene problemas de insomnio o se siente aturdido debido a un sueño de baja calidad, es probable que la falta de serotonina sea la causa y no el efecto. Esto se debe a que la serotonina es necesaria para la producción de melatonina, la verdadera hormona del sueño.

¿Ves cómo todo esto se relaciona? El ejercicio produce serotonina, que le ayuda a producir melatonina, que le ayuda a dormir mejor, lo que inevitablemente mejorará su estado de ánimo, su salud mental y su calidad de vida.

Los estudios han demostrado que dormir poco aumenta la ansiedad y la depresión, muy probablemente porque aumenta la producción de la hormona del estrés. También se ha descubierto que dormir poco impide retener la memoria. Por no hablar de que se asocia a una serie de peligros para la salud, como el deterioro de la capacidad cognitiva o el aumento del riesgo de problemas cardiovasculares y diabetes. Dormir es saludable, y necesitas más.

Sin embargo, se dice que la calidad del sueño es más importante para regular el estado de ánimo que la cantidad de horas que se duerme. Es lógico que un sueño deficiente pueda hacer que te sientas cansado, aunque hayas dormido las ocho horas recomendadas. El objetivo principal del sueño es recuperar y reponer la energía del cuerpo. Por esta razón, la mayoría de la gente se inclina a creer que un buen descanso es más importante que mucho.

Lo que sí sabemos es que la privación del sueño tiene fuertes vínculos con los trastornos del estado de ánimo y puede (y probablemente lo hará) provocar irritabilidad, ira, depresión, ansiedad y otras inestabilidades.

Tal vez no seas una persona negativa. Tal vez sólo necesites descansar mejor.

Calma tu mente

La meditación es una de esas cosas que nos miran fijamente todos los días y, sin embargo, decidimos ignorar su resplandor. Pregúntate cuántas veces te quejas del ruido, la monotonía, el estrés y las restricciones sobre el poco tiempo que tienes para relajarte. Luego pregúntate por qué has sabido de la meditación todo este tiempo y, sin embargo, no has pensado en tomarla en serio (a menos que lo hayas hecho, en cuyo caso ¡bien por ti! Eres una joya rara).

La práctica se describe como enfocar la mente -o entrenar la mente para enfocar, para conseguir un estado de calma, relajación y paz. A menudo se presenta como algo místico o incluso artístico, pero hay mucha ciencia que respalda sus beneficios reales.

Un estudio descubrió que la meditación aumenta los niveles de dopamina, lo que explica por qué su práctica nos deja tranquilos y felices. Un estudio más antiguo teorizó, y mostró pruebas sólidas para sugerirlo, que la meditación también provoca picos de endorfinas, lo que acentúa las buenas sensaciones que induce calmar la mente.

Lo que es aún más interesante es que la ciencia demuestra que la meditación puede reprogramar literalmente tu cerebro para que sea más feliz por naturaleza. Combina esto con los beneficios de comer bien, dormir bien y hacer ejercicio y te convertirás inevitablemente en una persona más positiva.

Si estás luchando por cambiar tu mentalidad, la meditación puede ser el mejor lugar para empezar. Los hippies tenían razón. ¿Quién lo hubiera pensado?

Haz lo que te gusta

. . .

Mi buena amiga la ciencia ha pasado a un segundo plano por ahora, pero en su ausencia, me gustaría presentarte a otro buen amigo mío, el sentido común. Aunque hay estudios continuos que intentan demostrar que hacer lo que te gusta mejora la calidad de tu vida, vivimos en un mundo capitalista y El Hombre no quiere que sepas que esto es cierto. Así que esta información pasa a un segundo plano, y ahí es donde entra en juego mi amigo.

Piensa en unos párrafos atrás, en el estudio finlandés sobre la comida en el que algo tan simple como comer una porción de pizza desencadenaba respuestas de placer en el cerebro. No hace falta decir que cuando algo te gusta, fisiológicamente te hace feliz; esto se demostró también en el estudio del amor y cómo nos afectan estas sustancias químicas de la felicidad.

El placer es muchas cosas, y supongo que podría considerarse abstracto como tal. Es una emoción, pero también una sensación. Es fisiológico, pero también espiritual. Tal vez sea incluso psicológico. Lo que sí sabemos es que, como casi todo, es químico porque las endorfinas son el motor que lo impulsa.

Sin embargo, a diferencia de la serotonina, la oxitocina y la dopamina, en las que las circunstancias de su producción son específicas e incluso fastidiosas (como es el caso del ejercicio), el placer es algo que puedes encontrar en casi todas partes. A menos que tengas un trastorno psiquiátrico que impida físicamente que tus receptores de placer se activen, la realidad es que puedes controlar tu propia alegría.

Cuando escuchas una canción que te gusta, comes algo realmente sabroso, pasas tiempo con tus seres queridos, experimentas la emoción de un buen libro o le das besos a tu mascota en su regordeta barriga, te sientes bien. Así que, ¿por qué no te esfuerzas más en perseguir esa sensación?

Todos nos quejamos de que no tenemos suficiente tiempo o energía porque estamos ocupados o las circunstancias nos impiden hacer lo que queremos. Tenemos vidas. Necesitamos trabajar, o estudiar, o hacer cosas aburridas como las tareas y los impuestos, pero por eso hay que priorizar las cosas que quedan fuera. No hasta el punto de descuidar las necesidades, sólo para que pasar un buen rato se una a sus filas como igualmente importante.

Si puedes sacar tiempo para procrastinar, puedes sacar tiempo para decirle a tus amigos que te parecen increíbles, o para empezar ese libro que quieres escribir. Tómate unas vacaciones en algún lugar o, si todo lo demás falla, regálate un chocolate o un vídeo divertido.

. . .

No es difícil en absoluto ser feliz. Es simplemente una cuestión de práctica.

Cuanto más te esfuerces en ello, más feliz serás y más positivo estarás.

Saber cuándo dejar de fumar

Por último, otra discusión sobre el sentido común; tienes algunos malos hábitos y debes abandonarlos. Sería imposible centrarse en todos los vicios posibles, así que me ceñiré a los que conciernen a la salud.

Fumar es una obviedad. Arruina tus pulmones y el medio ambiente. Es un hábito caro, insalubre y apestoso. Pero intenta decírselo a un fumador. Ellos ya lo saben, simplemente no les importa porque los cigarrillos son una de esas cosas que confunden tus receptores de dopamina en una sensación de falsa felicidad y eventual adicción. Lo que la mayoría de los fumadores no se dan cuenta es que su hábito es un factor que puede causar o continuar la depresión.

El abuso de sustancias altera la química del cerebro. Aunque los efectos de los narcóticos y otras sustancias son similares a la activación natural de los receptores de tu cerebro, es anormal y daña tus comunicaciones neuronales con el tiempo.

La discreción es necesaria en este caso. Una copa de vez en cuando no es un problema, pero el consumo excesivo de alcohol sí lo es. Se vuelve aún más problemático cuando se piensa en cómo algunas sustancias, como el alcohol, parecen cambiar la personalidad o el razonamiento. Puedes volverte más agresivo o emocional, o incluso deprimido y abatido.

Acabar con los malos hábitos es necesario para dar a su cerebro la capacidad de concentrarse en lo bueno. Dejar de fumar, abstenerse o reducir el consumo de alcohol, controlar la adicción a la comida o incluso superar respuestas nerviosas como morderse las uñas o rechinar los dientes pueden tener un impacto significativo en su perspectiva de la vida. A menudo utilizamos estas cosas como redes de seguridad, pero al final nos lastran.

Mejorarte a ti mismo te servirá a largo plazo, y a veces el primer paso es reconocer lo que no es tan bueno de ti mismo y luego trabajar para mejorarlo. Esa es otra cosa, físicamente te sentirás mejor y te gustarás más cuando tu mente esté clara y tu cuerpo no esté luchando con dependencias de cosas que no son buenas para ti.

. . .

Consejos y trucos para mejorar

Como ya he dicho, cada una de estas cosas -hacer ejercicio, comer bien, dormir bien, calmar la mente, dedicar tiempo a uno mismo y abandonar lo que no es bueno- es más fácil de decir que de hacer. Parecen muy sencillas sobre el papel, pero cuando realmente las analizas, son cambios drásticos en tu estilo de vida, tu rutina y tu comportamiento. Será difícil racionalizarlos, y si alguien dice lo contrario, está mintiendo. Sin embargo, volviendo a mi punto inicial, las circunstancias valen los resultados y la positividad, como estos cambios, es un compromiso.

Sin embargo, no todo el mundo tiene la capacidad de decidir que va a arreglar su vida. Los propósitos son un buen ejemplo de cómo la mayoría de nosotros somos todo ladridos y nada de mordacidad. No puedo ayudarte a cumplir tu plan de juego, pero sí puedo mostrarte algunos trucos que pueden ayudarte a ti mismo. Cada uno de ellos es fácil de poner en práctica, es gratuito y te llevará un tiempo mínimo. Elige los que más te gusten y experimenta para crear un sistema que te funcione.

. . .

Diarios de progreso: Escribir no es para todo el mundo, así que no tienes que hacerlo si no quieres, pero llevar algún tipo de diario, registro o constancia de tus esfuerzos puede hacer auténticas maravillas en tu mentalidad. Por un lado, ayuda a aclarar y organizar tus pensamientos, lo que puede ser muy terapéutico. Describir tus pensamientos o actividades para reflexionar sobre ellos más tarde también ayuda a analizar tus esfuerzos, lo que puede señalar los problemas y ayudarte a trabajar en ellos de forma más eficiente.

También sirve para recordar tu motivación y tus objetivos.

Además, si le dedicas el tiempo suficiente, podrás ver tu progreso de un vistazo, lo que puede ser satisfactorio e impresionante, incluso si todavía no estás experimentando los resultados deseados. También es una prueba de que lo estás intentando, y a veces una prueba es todo lo que necesitas.

Bullet Journals y planificadores creativos: En una línea similar, esta es una idea para aquellos que quieren llevar un diario de progreso pero no están interesados en escribir monólogos. Los bullet journals son planificadores diseñados para ser lo más eficientes y eficaces posible. Aunque la premisa es que son listas de control que realmente funcionan, hay toda una comunidad de personas que llevan sus bullet journals con un toque de creatividad. Puedes crear hojas de cálculo que puedes modificar sobre la marcha para todo lo que puedas imaginar. Por ejemplo, puedes crear una colección de citas motivadoras. Puedes incluir una barra de progreso que rellenes sobre la marcha. Utilízalos para planificar con tanta antelación como quieras, o para llevar un control de tus tareas diarias. En general, los planificadores ayudan mucho a organizar y programar. Ya que te comprometes a hacer cosas que requieren mucho tiempo, son un seguro que te mantendrá en el camino y eliminará las excusas y la procrastinación. Son divertidos de usar y seguro que te dan un impulso de endorfinas.

Refuerzo positivo y recompensas: Intenta combatir el fuego con fuego. Si tu cerebro no es amable contigo, contraataca celebrando tus victorias, por pequeñas que sean y aunque sean forzadas o poco sinceras. Con el tiempo, se convertirá en un hábito ser amable con uno mismo y, finalmente, será algo natural. Seguro que has oído hablar de Pavlov y sus perros. Fue un experimento de condicionamiento mediante la exposición repetida a un estímulo específico. En este caso, Pavlov hacía sonar una campana cada vez que daba de comer a sus perros. En poco tiempo, los perros asociaron la campana con la comida y su sonido, tanto si se les daba de comer como si no, les hacía salivar. Los efectos de esta teoría también se han observado en la adicción y el hábito, por ejemplo, cuando las personas se rompen una banda elástica contra la muñeca para asociar su mal hábito con el dolor en un esfuerzo por reducir la indulgencia. Entonces, haz lo contrario. Cuando un pensamiento negativo entre en tu cerebro y tengas ganas de abandonar tu régimen de ejercicios, la hora de ir a la cama, el plan de dieta u otros cambios, contraataca con algo positivo. Es muy probable que con el tiempo tu negatividad se convierta en una respuesta positiva automática. Si todo lo demás falla, sobórnate a ti mismo con la promesa de una golosina o una recompensa cada vez que alcances un hito o te ciñas a tu plan.

Establece objetivos claros: Recuerda que en realidad no quieres vivir en el presente cuando se trata de arreglarte. Lo que buscas es algo.

Pero eres humano y llegará un momento en que lo olvides.

Por eso es una buena idea definir exactamente lo que quieres. Anótalo en algún lugar, de la forma que quieras.

Puede ser un tablero de visión, puedes apostar con alguien a que no alcanzarás tu objetivo y perseguir la satisfacción de ganar, o recablear tu cerebro para superar la negatividad, la depresión, la ansiedad y la inseguridad puede ser el fin. Sea lo que sea, tienes que reafirmarlo de alguna manera para que, si alguna vez sientes que flaqueas, tengas tu motivación por escrito. Esto está muy relacionado con el diario, pero no tiene por qué ser así. Mientras tengas pruebas de que tu viaje no es inútil, podrás recuperar tu determinación. No tengas miedo de ampliar tus objetivos a medida que avances.

Rendición de cuentas: Díselo a alguien. Díselo a todo el mundo. Díselo a ti mismo. Nadie quiere fracasar, así que, si sabes que la gente te observa, por naturaleza estarás más motivado para tener éxito. Esto puede tener uno o dos inconvenientes, ya que requiere cierta confianza y puede provocar un poco de miedo a ser juzgado, pero por eso el truco está en elegir bien a tu público. Todo lo que necesitas es alguien, o algunas personas, que te hagan responsable de tus compromisos. Puede ser un compañero de gimnasio, o un familiar, o incluso tus seguidores y amigos online.

Abandonar es fácil cuando no tienes que responder por ello, así que asegúrate de que, si alguna vez te desvías, tendrás que explicárselo a alguien. A quien te dirijas puede incluso ser capaz de hacerte una crítica constructiva. Si eso es lo que buscas, asegúrate de que serán honestos y amables contigo.

. . .

Mentores: No hay que avergonzarse de pedir ayuda, y hay expertos por ahí que estarán encantados de guiarte en tu camino. Puedes optar por un coach de vida o un entrenador personal, o puede ser cuestión de encontrar un podcast motivacional que puedas sintonizar y participar de vez en cuando. Las redes sociales también resultan útiles. Facebook es conocido por su función de "grupos", en la que puedes encontrar y comunicarte con personas con ideas afines que podrían servir de apoyo y mentores. Reddit está lleno de comunidades que existen para inspirar y elevar la moral (mi favorita es Free Compliments). Si necesitas un empujón en la dirección correcta o simplemente buscas consejos, asesoramiento y orientación, hay muchos recursos gratuitos a los que puedes recurrir. Sólo tienes que encontrarlos y elegir los que te sirvan.

Utiliza la tecnología: No subestimes el poder de tu teléfono.

Tiene alarmas, recordatorios, calendarios y acceso a un sinfín de aplicaciones que pueden ayudarte a ordenarte.

Puedes descargarte aplicaciones de seguimiento de calorías, o incluso utilizar tu teléfono para ver transmisiones de ejercicios que sigues.

. . .

Tu teléfono puede ser tu diario o tu horario, o tu medio para pedir ayuda a otros o la mencionada responsabilidad.

Oblígate a hacerlo: Si todo lo demás falla, ponte en marcha.

Si quieres empezar a correr, la única forma de conseguirlo es levantando el culo y corriendo. Lo mismo se aplica a levantarse temprano, hacer ejercicio, meditar o comer alimentos que saben a mierda pero que abren las puertas de la felicidad. La fuerza de voluntad es una fuerza infravalorada. Es posible que la tuya necesite un poco de perfeccionamiento, pero, de nuevo, tendrás que usarla para alimentarla. Supera el dolor (pero no te hagas daño). A veces es lo único que puedes hacer.

3

Deja de ser malo contigo mismo

¿Has oído alguna vez la frase "si todo el mundo a tu alrededor es un idiota, tú eres el idiota"? Hay varias formas de interpretarla, pero a mí me gusta pensar que es una advertencia de que a veces nos olvidamos de controlar nuestro propio estado de ánimo o actitud, y por eso nos agrava innecesariamente todo lo que nos rodea. Si no nos controlamos, podemos acabar aturdidos o irritables y desquitarnos con personas que no han hecho nada para merecerlo. La ira en la carretera es un ejemplo común de esto. A menudo, los agravios menores se sacan de quicio y la rabieta resultante lleva a la violencia en las carreteras, con un número preocupante de muertes como resultado de estos casos. La persona que tiene la rabia en la carretera es la única responsable de ella, pero la mayoría de las veces se siente justificada porque "los demás no saben conducir". ¿Te parece que eso es mínimamente justo?

. . .

La rabia en la carretera es un ejemplo extremo, pero los humanos tienden a comportarse así todo el tiempo. ¿Quiere saber por qué? Por nuestra mentalidad. Estamos programados para querer que los demás nos vean de la misma manera positiva que nos vemos a nosotros mismos, lo que probablemente surge de una necesidad desesperada de proteger nuestra imagen. Un ensayo describe esto como la "epidemia de la infalibilidad". Plantea que las personas poderosas, las que están en el ojo público ahora más que nunca, han perdido el contacto con su humildad y utilizan su estatus para explotar la narrativa, incluso cuando está muy claro que tienen la culpa.

Aunque no es bueno dejar pasar este tipo de cosas, una parte de mí entiende por qué las celebridades y otras figuras públicas se empeñan en elegir las colinas en las que mueren.

Cuando se equivocan o les pillan, el público tiende a presentarse en sus casas con horcas y antorchas y pedir su cabeza en un palo. Errar es humano, como se dice. Lo que omiten es que a veces nuestros errores nos cuestan la reputación, la carrera, los socios, las oportunidades e incluso la compañía y el apoyo de los seres queridos. Es natural que temamos la vergüenza, aunque los errores que cometamos sean minúsculos. El problema es que esta negación de nuestro propio error nos lleva a fabricar nuestra inocencia, incluso cuando no es un gran problema. No admitimos nuestros errores.

Nuestro primer instinto es rehuir la responsabilidad o justificar que no fue nuestra imperfección la que nos llevó a la cagada, sino factores externos que escapan a nuestro control o juicio.

¿Qué tiene que ver esto con que seas un matón? Vuelve a la analogía de la ira en la carretera. Si todos los que te rodean son un problema, lo más probable es que tú seas el villano de la pieza. Esa misma actitud que utilizas para negar tus propios defectos es probablemente la misma razón por la que eres tan duro contigo mismo. Es la fuerza motriz que te impulsa a culpar al mundo de tu propia negatividad en lugar de tu ineficacia a la hora de cuidar de ti mismo.

Tenemos tantas ganas de culpar a los demás de nuestros problemas que nos convencemos de que no tenemos que trabajar en ellos.

Pero quiero centrarme en un lado más feliz de esto. Admitir tus defectos es en realidad un signo de fortaleza. A veces es poco sincero y sólo se hace para controlar los daños (como vemos tan a menudo con las figuras públicas), pero el consenso es que la admisión de la culpa es el factor más válido e importante para formar las disculpas, compensar las faltas y finalmente permitir el perdón.

Ahí es donde entras tú. La única manera de reconciliarte con tu propia personalidad sería admitir que a veces no es una gran personalidad. Pero entra un nuevo problema: la inseguridad. Igual que exageramos nuestra inocencia, somos perfectamente capaces de exagerar nuestras imperfecciones.

Y entonces nos machacamos. Porque somos unos abusones.

A partir de ahí, entraremos en una espiral de negatividad y dejaremos de apoyarnos por completo.

De verdad, necesito que dejes de hacerte eso a ti mismo. Así que, en lo que queda de este capítulo, voy a contarte cómo puedes aprender a quererte a ti mismo. Si lo haces, te respetarás a ti mismo, y tu mentalidad estará bien encaminada para convertirse en una mentalidad positiva.

· · ·

Por qué nos odiamos a nosotros mismos

La autoestima es algo curioso. Aunque es difícil determinar exactamente cuál es su función o por qué existe en primer lugar, se ha teorizado que está destinada a ser un catalizador para la autopreservación. La autoestima es, en pocas palabras, la percepción de tu propia valía. Por lo tanto, si tienes una alta autoestima, es menos probable que adoptes hábitos destructivos, degradantes o desvalorizantes.

Los que tienen una alta autoestima se cuidan mejor a sí mismos y, en general, tienen más rasgos positivos.

Pero aquí está el problema. Nuestra autoestima está influenciada por quienes nos rodean. No se trata simplemente de decidir que somos importantes y que merecemos algo mejor. Lo que la gente piensa de nosotros afecta enormemente a nuestra autopercepción. Un estudio sobre el tema arrojó resultados fascinantes. Utilizando un escáner de resonancia magnética, se observó a los sujetos para medir las fluctuaciones de las señales neuronales vinculadas a nuestra autopercepción. En la prueba, se hizo que los sujetos cargaran perfiles de sí mismos en una base de datos.

A continuación, se les pidió que presenciaran la reacción de más de 100 desconocidos, que calificarían sus perfiles con un "pulgar hacia arriba" o un "pulgar hacia abajo", al igual que en las redes sociales. Además, los desconocidos estaban divididos, por lo que los sujetos llegaron a esperar resultados positivos de ciertos grupos sobre otros. Lo que los participantes no sabían era que los "extraños" implicados no existían. En realidad se trataba de un algoritmo.

La prueba no sólo demostró que nuestra confianza sufre un golpe cuando no obtenemos la aprobación de los demás, sino que fue mucho más allá y concluyó que nuestra autoestima se desploma aún más cuando esperamos caer bien y no lo hacemos.

No sé tú, pero yo veo una relación entre esto y la teoría anterior de que nuestra imagen pública nos sirve y por eso la protegemos tan desesperadamente, incluso cuando nos equivocamos. Es casi como si no se pudiera ganar con nuestra autopercepción.

Entonces, ¿por qué nos odiamos a nosotros mismos? ¿Cómo es que nos formamos una autoestima tan baja cuando se supone que nos ayuda a dar lo mejor de nosotros mismos?

Haría falta algo de psicología para entrar en eso, pero la respuesta corta es que no lo sabemos porque hay demasiadas variables. Naturalmente, alguien que ha sido menospreciado por los demás durante toda su vida no se considerará a sí mismo. En otros casos, puede tratarse de un trastorno mental, de un trauma o de simple negatividad.

La razón por la que las opiniones de los demás amenazan nuestra autopercepción hasta tales extremos no está muy clara, pero la teoría aceptada en psicología es que es inherente a nosotros y que, literalmente, ayudó a nuestra supervivencia. Los humanos primitivos eran animales de manada y tenían fuerza en el número. Cuando migraban, cazaban o luchaban contra los elementos, cuanto más fuerte era el grupo, mayores eran las posibilidades de supervivencia. Los débiles eran abandonados por ralentizar al resto o por ser una carga que suponía un desperdicio de recursos.

Si no eras querido o aceptado, te dejaban atrás para que te valieras por ti mismo. Ahora pensamos igual.

Para llevar esta teoría más lejos, se sugiere que todavía nos sentimos amenazados y que sigue siendo una cuestión de supervivencia porque los humanos nos hemos convertido en nuestro principal depredador. También somos seres sociales que, por desgracia, vivimos en un mundo en el que te aíslan si no das una buena impresión. Estos instintos, de demostrar nuestra valía para no ser excluidos, son la mejor explicación que tenemos para nuestra mala autoestima.

Pero nada cambia el hecho de que todo eso es una patraña.

No eres un ser humano primitivo, y mientras seas decente, lo que los demás piensen de ti no importa ni un poco. No te quedarás atrás y te comerán los dientes de sable si no le gustas a la gente. Te lo prometo. Claro, no se siente bien cuando la gente no corresponde a nuestro afecto, o valida nuestro propio sentido de autoestima, pero es así. Es la autoestima. Tú eres el único que puede determinarla.

¡Oye, tú! ¡Eres increíble!

O, al menos, más de lo que crees. Lo eres. Lo sé a ciencia cierta.

Lidiar con la baja autoestima es difícil, pero hay una excelente noticia para aquellos que sienten que están en el último peldaño, o que no son lo suficientemente buenos para encajar en el marco del panorama general. Te estás mintiendo a ti mismo. Las tonterías negativas que has llegado a creer sobre ti mismo son patrañas. Y lo demostraré con la ciencia.

En primer lugar, tengo que hablarte de algo que se llama el efecto del bello desorden. Esta teoría, con pruebas prometedoras, explora por qué los rasgos que odiamos en nosotros mismos son los mismos que admiramos en los demás. En una prueba, se les dijo a los participantes que se imaginaran a sí mismos o a otros en situaciones en las que fueran vulnerables. Un ejemplo de los escenarios incluidos es confesar los sentimientos a su interés romántico. A continuación, se les pidió que calificaran su vulnerabilidad -o la del otro sujeto que imaginaban en esa posición-. En casi todos los casos, si no en todos, los participantes calificaron su propia vulnerabilidad de forma mucho más negativa que la de los demás.

Es plausible que esto también esté relacionado con nuestra autoestima y cómo se ve afectada por los demás. Nos vemos especialmente débiles en determinados escenarios porque pensamos o creemos que es así como nos verían los demás.

El estudio demuestra lo contrario, pero hay que tener en cuenta otra cosa.

Se llama efecto foco, y denota que creemos que los demás se fijan en nosotros más de lo que lo hacen. En el efecto foco, los defectos de los que te sientes tan inseguro - desde una mancha de café en la camisa hasta el olor de tus axilas, pasando por el tamaño de tu nariz o un tartamudeo nervioso que tienes- se exageran. Pero la verdad es que esas cosas apenas las notan los demás. Siguiendo el efecto del bello desorden, hay muchas posibilidades de que, aunque se noten, los observadores no piensen tan mal de ti como supones.

Parece una forma elegante de decir que eres menos de lo que crees para la gente que te rodea, pero no sería cierto. Se trata simplemente de algo llamado egocentrismo. Tu propia vida gira en torno a ti porque eres la forma en que experimentas el mundo. Podrías llamarlo egocentrismo, pero en realidad todo el mundo vive así. No podrías ser nadie ni nada más si lo intentaras, y como eres el centro de tu propio mundo, tu ego exagerará su lugar en el mundo de los demás.

Esto no significa que no seas importante o que nadie te preste atención en absoluto. Lo que sí significa es que todo el mundo está demasiado ocupado preocupándose por su propia nariz grande, o sus manchas de café, o sus axilas o sus tartamudeos, como para juzgar los tuyos.

. . .

Sí, no vivimos en un mundo de fantasía y habrá gente que te atacará por tu aspecto, o tu voz u otras cosas que escapan a tu control. Pero esa gente es mezquina y no es la mayoría, según numerosos estudios de psicología sobre este tema. Además, ¿sabes cómo llamamos a la gente así? Matones. Y por eso tienes que dejar de serlo contigo mismo.

De hecho, eres mucho más chévere (o más guapo, o más admirable) de lo que crees. Lo más probable es que seas la única persona que se pinta a sí misma de forma negativa (de nuevo, con la condición de que seas decente, inofensiva y no hayas hecho nada malo). Tus inseguridades son injustificadas y la única razón por la que las inflas en tu cabeza es que crees que no eres lo suficientemente bueno para los que te rodean.

Todo tiene que ver con el miedo. Miedo a que no nos acepten, o a que la gente se ría y nos señale, o nos deje para que nos coman los dientes de sable. Pero los dientes de sable no existen. Todo está en tu cabeza. En última instancia, la opinión de la única persona que importa es la tuya. Si llegas a decirte a ti mismo que eres digno, tu ego puede llegar a creérselo. Si necesitas un empujón con eso, recuerda que aunque seas un desastre, otras personas te calificarían como una belleza.

· · ·

Así que ahora tienes que preguntarte por qué eres la única persona con la que eres cruel.

No te burlarías de otra persona por su apariencia (o al menos, espero que no lo hagas), y no arruinarías deliberadamente la autoestima de otra persona.

Hacer sentir mal a los demás no es bueno para el alma, porque somos empáticos y no disfrutamos con el sufrimiento de los demás. La baja autoestima y la negatividad van de la mano, por lo que debemos ponerle fin. Una forma de hacerlo es tratarte a ti mismo con la misma compasión y amabilidad que das a los demás. El primer paso para ello es desarrollar tu sentido de la confianza.

La confianza es el poder

La cuestión es que la confianza y la autoestima no son ni mucho menos idénticas. La confianza, o en este caso, la autoestima, es la fe que tienes en ti mismo y en tus capacidades. La autoestima es la valoración que haces de ti mismo, independientemente de tus capacidades. Los que tienen confianza en sí mismos no siempre tienen una alta autoestima. Esto se ve todo el tiempo con las celebridades, que tienen todo el coraje del mundo para actuar frente a masas de gente, pero se autodesprecian en las entrevistas, luchan con trastornos alimenticios o dismorfia corporal, o que incluso se valoran tan poco que se destruyen a sí mismos con las drogas o, peor aún, con el suicidio.

Por lo tanto, fomentar la confianza en uno mismo no necesariamente hará que te gustes más, pero es un paso adelante que hará que sea un millón de veces más fácil aprender lo que hay que gustar. Además, es más fácil fomentar la confianza que la autoestima, porque la confianza es autosuficiente y no depende de las opiniones de los demás, al menos no tanto como esta última.

Esto se debe a que la confianza está estrechamente ligada a los logros, que nadie tiene el poder de quitarte. Si estás orgulloso, estás orgulloso. Pero lo mejor es que las medidas que tomes para aumentar tu confianza también afectarán a tu sentido de la autoestima.

Pero antes de entrar en materia, quiero mostrar lo lejos que puede llegar un poco de confianza.

¿Qué tienen en común muchos artistas famosos? Ellos, entre muchos otros, lucharon con su autoestima antes de llegar a lo más alto. Pero a la hora de la verdad, creyeron en sí mismos y se convirtieron en leyendas, cada uno por su cuenta. Imagínese que se dejasen llevar por su autoestima negativa. No viviríamos en el mismo mundo, porque sus talentos -de los que eran muy conscientes y se esforzaron por perfeccionar- nos lo cambiaron.

Es cierto que, en el caso de Marilyn Monroe, el final de su historia fue trágico, pero nadie puede decir si la culpa es de una mala autoestima, de una enfermedad mental o incluso de un simple error de juicio. En cualquier caso, ella, como el resto, siguió viviendo el sueño y dejó su huella como uno de los seres humanos más icónicos que han existido. Porque tuvo la confianza de hacerlo.

¿Qué tal otro ejemplo? En 1995, una joven intentó ser escritora. Redactó una sinopsis de su idea y la envió a las editoriales junto con capítulos de muestra. Fue rechazada 12 veces por 12 editoriales diferentes. Se desconocen los motivos, pero no es infundado pensar que hubo varias razones.

Tal vez los editores consideraron que su escritura era deficiente. Tal vez pensaron que no se vendería muy bien. O tal vez fuera simplemente una cuestión de interés o de gusto.

El hecho es que 12 personas diferentes, en distintos momentos de la vida de esta joven, le dijeron que no era lo suficientemente buena. Pero ella lo era, y lo sabía, así que no se rindió. Dos años después, en 1997, su libro -Harry Potter y la piedra filosofal- llegó a las estanterías. Ahora, J.K. Rowling -la mujer en cuestión, por si no lo habías deducido-, a la que han echado a la calle una docena de veces, es sin duda la autora más importante de nuestro tiempo. Fue la primera autora que se hizo multimillonaria escribiendo.

Su serie de libros -la misma que fue rechazada- llegó a vender más de 400 millones de ejemplares en todo el mundo e inspiró la imaginación de todo el planeta.

Eso, amigo mío, es lo que ocurre cuando crees en ti mismo y no escuchas a los estúpidos que te dicen que tus esfuerzos no son lo suficientemente buenos. Les enseñas quién es el jefe.

¿Pero qué pasa si no tienes confianza? Bueno, esto es lo que puedes hacer para que crezca un poco.

Toma medidas para sentirte bien: Si hueles mal, te sentirás inseguro por ello. Lo mismo ocurre si tu ropa es incómoda, está arrugada o sucia, si tu pelo es un desastre o si tu esmalte de uñas está agrietado. Si te enorgulleces de tu aspecto y de tu higiene personal, no vivirás con el temor de que la gente te juzgue por tu falta de ella.

También significa que estarás listo para ir y no tendrás que rehuir las oportunidades que te sorprendan porque no te veas o te sientas bien. Una dura realidad es que la gente es más propensa a criticar lo que podemos ver porque la mayoría de la información que recibimos es a través de la vista. Aunque la gente no se fije en ti tanto como temes, se dará cuenta de lo que está mal si lo pones en primer plano. Así que haz un esfuerzo por sentirte bien contigo mismo limpiando. Aunque no haya nadie cerca, nada te impide arreglarte para ti. Te garantizo que te gustarás mucho más si tus axilas no huelen a cebolla. Todo el mundo lo hará.

Ordena tu espacio: Abundando en el punto anterior, tu entorno dice mucho de ti y abre la posibilidad de que te juzguen desde fuera. Si tu mesa es un desastre en el trabajo, y no puedes encontrar tu papeleo a tiempo, o hay una rata viviendo en tu cajón porque el sándwich del año pasado está olvidado allí, no gustarás a la gente. La mayoría de la gente cree que el exterior es un reflejo del interior. Aunque esto no siempre es cierto, no deja de ser elocuente. Por la misma razón que te cepillas los dientes, sacas la basura, haces la cama y mantienes tus cosas organizadas. La gente te respetará por ello y, lo que es más importante, tú te respetarás a ti mismo.

Prueba cosas nuevas: La destreza y el talento son excelentes formas de afianzar la confianza porque sabrás con certeza que eres bueno en algo, e incluso puede que lo creas hasta tal punto que quieras compartirlo con el mundo. Pero no es necesario. De momento, basta con tener algo de lo que estar orgulloso. Si ya tienes una habilidad o un talento, préstale más atención. Cuéntaselo a otros. Compártela en lugares donde normalmente no lo harías. Incluso puedes intentar enseñárselo a otra persona. Seguro que eso te hace sentir importante y realizado. Si no se te ocurre nada que se te dé bien, encuentra algo que te interese y comprométete a aprender.

Prepárate para la victoria: Emprender nuevos pasatiempos o clases puede ser desalentador, así que siguiendo la idea de probar cosas nuevas, hay un código de trucos.

Prueba cosas fáciles; cosas en las que seguramente tendrás éxito. A todo el mundo le gusta ganar, y ver que tienes éxito aumentará tu confianza enormemente. Puede ser algo tan tonto como pintar con los dedos si lo necesitas.

Sólo tienes que asegurarte de que te diviertes y de que te esfuerzas al máximo.

Evita tus desencadenantes: A veces las situaciones en las que nos encontramos nos arrastran hacia abajo, así que si sabes lo que te hace sentir bajo, deja de hacerlo. Deja de juntarte con gente que te arrastra. Deja de caminar por carreteras peligrosas para llegar a casa más rápido. Deja de obsesionarte con el arte, las creaciones o las apariencias de los demás, si sólo vas a compararte a ti mismo y concluir que eres un fracaso. Si no puedes evitar tus factores desencadenantes, debes hacer un esfuerzo para gestionarlos o superarlos.

Enumera tus logros: Al igual que los diarios de progreso pueden ayudarte a mantener la motivación, presumir ante ti mismo puede aumentar tu confianza. Afirma en qué eres bueno. Haz una lista en la que puedas reflexionar cuando no te sientas bien contigo mismo y necesites que te recuerden que eres un tío genial. El objetivo es centrarse en los puntos fuertes, no en los débiles.

Sé amable: El aprecio de los demás también tiende a acariciar nuestro ego, así que haz el bien a los demás. Suena un poco superficial y poco sincero hacer sólo cosas bonitas para que tú te beneficies, pero el receptor de tu amabilidad no tiene por qué saberlo. Se sentirá bien porque le has ayudado. Tú te sentirás bien porque les has ayudado. Entonces, ¿cuál es el problema? La confianza viene de dentro, pero a veces escuchar lo que nos hace grandes de otras personas es justo lo que necesitamos para que el mensaje cale. Esta idea, la de ser amable, se aplica también a ti mismo. Dígase algo bonito a sí mismo. Es cursi, pero funciona.

. . .

Cuida de ti mismo: Ya deberías estar haciendo esto (¿o es que no aprendiste nada del capítulo uno?). Si tienes éxito en tus objetivos personales, te sentirás más seguro de ti mismo, especialmente cuando son difíciles y cosas en las que la mayoría de la gente fracasa. Deja de fumar. Sé dueño de tu dieta. Ve al gimnasio. Te verás bien, te sentirás bien y todo ello enlazará con mi primer punto de dar los pasos necesarios para sentirte mejor contigo mismo.

Finge hasta que lo consigas: ¿Estos pasos son demasiado difíciles para ti? Sáltate todos ellos y finge que tienes confianza en ti mismo. Te garantizo que nadie notará la diferencia. Ni siquiera tú.

Cómo gustarse a sí mismo

Llegará, inevitablemente, un momento en el que tu confianza sea escasa o te falle por completo. ¿Qué hacer entonces? ¿Y cómo puedes alimentar tu autoestima para evitar esos bajones? Sinceramente, no te va a gustar lo que tengo que decir.

La única manera de arreglar tu autoestima rota es a través de la terapia (si es necesaria porque tu autopercepción es el resultado de un trastorno), o a través de la transformación personal. Estos pasos no serán fáciles, pero son necesarios.

• • •

Probablemente nunca serás una persona positiva si no te esfuerzas por hacer estos cambios. Sin embargo, si lo haces -teniendo en cuenta que es un proceso que no arreglará todo lo que está mal después de un día de trabajo- te convertirás en tu propio amigo, y esos horribles susurros del matón que hay en ti comenzarán a desaparecer. Con el tiempo, esos instintos de ser crueles con uno mismo también se desvanecerán y tu mentalidad será de confianza, autoestima y positividad.

Admite tus defectos Y así volvemos al principio de este capítulo, en el que hablé de nuestra resistencia a admitir cuando nos equivocamos. La verdad es que eso es una especie de comportamiento gilipollas, y a nadie le gustan los gilipollas.

No tienes que ir por ahí enmendando las cosas con absolutamente todas las personas a las que has ofendido, mentido o perjudicado, pero sí tienes que tener una conversación sincera contigo mismo. Sé realista. Descubrirás que te gustas mucho más cuando no pretendas ser algo que no eres: perfecto. Nadie es perfecto. Y cuanto antes te quites de encima la presión de ser perfecto, más relajado, agradable y positivo serás.

• • •

Destaca tu genialidad. Una vez más, aprovecha tus puntos fuertes. Si te sientes inseguro por el aspecto de tus dientes, por ejemplo, busca cosas de tu aspecto que te gusten. Por ejemplo, tienes un pelo estupendo. Ponte una bonita diadema o tiñe tu pelo de un nuevo color. Prueba un nuevo estilo, o simplemente ondúlalo todo lo que puedas. Destacar lo que te gusta de ti mismo desvía la atención de lo que no te gusta. Tendrás menos ansiedad y ese foco del que hablamos parecerá atenuarse. Haz esto con todo. Tus talentos, tu personalidad, tu trabajo... Puede que no se te dé bien hablar en público, pero quizá seas un excelente escritor. Así que céntrate en eso. Si no sabes cantar, pero te gusta bailar, deja de ir a los bares de karaoke y vete a una clase de baile, o a la discoteca en su lugar. Deja de centrarte en todo lo que odias de ti mismo y utiliza esa misma energía para presumir de lo que tienes.

¡Aprende a estar solo! Por alguna estúpida razón, tendemos a disgustarnos más cuando no hay otras personas cerca para hacerlo por nosotros.

Fíjate en la mayoría de los solteros de este mundo. La soledad -un verdadero problema- conduce a un sentimiento de indignidad. Si el objeto de tu afecto te rechaza, te volverás hacia dentro y te preguntarás qué te pasa, en lugar de aceptar que no te odian, simplemente no sienten lo mismo. Aprende a estar bien contigo mismo. Para ello, tendrás que llenar los vacíos que otras personas puedan haber dejado. Si estás soltero y te sientes deprimido porque no tienes a nadie con quien salir por la noche, llévate a ti mismo. Y ve a por todas, ¿vale? No seas tacaño. Ponte un traje elegante y ve a un restaurante caro. Compra los asientos bonitos en el teatro, o bate tu propio récord en la sala de juegos. Quiero decir, ¿qué te detiene? Eso es. Nada.

O, si tienes miedo (porque no hay nada de malo en ello), empieza por algo pequeño y ten noches de cine en solitario. Prepárate una buena comida. Mímate. O aprende a apreciar los momentos de silencio haciendo cosas que te gustan. Estás muy bien cuando no te arrastras por la tierra.

¡Di que se joda! Esta es una de las más divertidas. Deja de preocuparte y ponte en lo peor, para divertirte. Si no te gusta tu propia cara sin maquillaje, te reto a que dejes de llevarlo. Si no te gusta nadar porque tienes una fea cicatriz en el cuerpo que no quieres que nadie vea, sal ahí fuera con el bañador más escaso que el dinero pueda comprar, y lleva esa cicatriz como una insignia de honor. Si la gente tiene el valor de decir algo, los miras fijamente a los ojos y repites estas palabras: ¿y qué?

Incluso puedes sustituirla por otros latiguillos descarados, mis favoritos son: "Sí, ¿y?", "¿Problema?", o el más sarcástico de todos, "¡Ya lo sé!".

. . .

No te imaginas el poder que puede tener esto. Muchas de nuestras inseguridades provienen del miedo a que nuestros defectos se noten y se usen en nuestra contra. Pero si eres tú quien los nota, le quitas todo el poder a la gente que tendría la suficiente maldad como para echártelos en cara. También es bastante divertido ver cómo la gente intenta juzgarte y luego se ve obligada a dar explicaciones. Es satisfactorio y es una forma segura de sentir un poco de sabor a maravilla.

Reconcilia tus arrepentimientos Mira, no puedes cambiar el pasado. Los errores que cometiste nunca se pueden deshacer, así que más vale que te perdones por ellos. Si vives tu vida añorando tus días de gloria, cuando eras joven y libre y un millón de veces más genial que ahora, te vas a deprimir.

Si te castigas porque no tomaste las decisiones correctas en la vida, te vas a resentir. Lo hecho, hecho está. Recuerda y reflexiona, pero no te lamentes. Todavía tienes tiempo.

Disfruta como eres, no como eras o como esperas ser.

Deja de compararte con los demás. Esto vendrá de forma natural si dominas la admisión de tus propios defectos y aceptas que nadie es perfecto. El asunto es el siguiente: no sabes lo que hay en el corazón de los demás. Las personas más exitosas, más guapas y más admirables que conoces podrían estar amargadas, ser miserables o estar vacías por dentro. No sabes lo que les falta, por lo que no hay ninguna razón válida para pensar que no eres suficiente en comparación. Tal vez incluso te tengan envidia. Tal vez sus vidas son tan difíciles que no se lo desearían ni a sus peores enemigos.

Nunca lo sabrás, porque hay cosas que simplemente no compartimos con los demás.

Las redes sociales nos han insensibilizado ante lo ordinario.

Nos hacemos ver tan glamorosos, tan juntos. Pero la mayoría de nosotros no lo somos. Utiliza a otros como inspiración si es necesario, pero nunca olvides que no conoces sus historias. Todos estamos librando nuestras propias batallas secretas. Agradece lo que tienes. Nunca sabes quién está infinitamente peor que tú.

¡Deja de exagerar! Por último, vas a tener que poner en práctica todo este capítulo y recordar que el efecto de los focos ha hecho que tu ego se infle. Tus inseguridades no son ni mucho menos tan graves como crees.

A menos que tengas problemas, o estés enamorado, la atención de los demás no importa. Vuelve a la tierra y date cuenta de que eres tu peor crítico. Lo único que habría que hacer es dejar de ser puntilloso. Deja de ser tan malo contigo mismo. No está bien.

4

Las cosas malas pasan (¡Acéptalo!)

Vas a odiarme, puedo sentirlo. Antes de soltar la bomba de por qué, tengo una pregunta para ti. ¿Por qué quieres joder tus pensamientos negativos? Quiero decir, hay respuestas obvias, como el deseo de ser más feliz, o perseguir la fuerza de voluntad para hacer algo de ti mismo, pero no puedo evitar preguntarme si eres un poco... iluso.

Llevo ya unas cuantas páginas metiéndote la positividad en la cabeza. Te he enviado a un campamento de entrenamiento y te he dejado muy claro que si quieres ser una persona positiva, vas a tener que enfrentarte a la realidad de que tu negatividad es en gran parte autoinfligida. Y aquí está la razón por la que entenderé si ya no quieres ser mi amigo:

. . .

A veces tus esfuerzos no significarán nada, y nada de lo que he dicho hasta ahora importará lo más mínimo.

¿Por qué? Porque no se puede ser feliz todo el tiempo. A veces no hay un resquicio de esperanza. A veces, la hierba no es más verde en el otro lado; es marrón y desgastada y llena de caca de caballo que atrae a las moscas y las hormigas y otras cosas asquerosas. A veces, te sentirás totalmente miserable y completamente negativo y no habrá nada que puedas hacer al respecto.

La felicidad constante no sólo no es natural, sino que puede ser poco saludable. Un informe explica que la positividad permanente puede frenar el desarrollo emocional. Continúa diciendo que aunque la positividad es obviamente la emoción preferida, no siempre es apropiada y no siempre nos sirve.

Imagínese algo catastrófico, un acontecimiento realmente horrible. Digamos, un desastre natural o un ataque terrorista. Ahora imagina que las personas afectadas estuvieran bailando en la calle mientras sucedía, alabando al Señor de arriba por este maravilloso, feliz y emocionante día.

Eso sería una respuesta anormal. Tiene sentido cuando se piensa en la verdadera definición de negatividad. Oxford define la palabra como "la expresión de crítica o pesimismo sobre algo". A veces la negatividad es necesaria. Es la forma en que se manifiestan en nosotros el disgusto, el dolor o el desánimo, y a veces puede salvarnos la vida.

Si tienes un sentimiento negativo sobre alguien o algo, es probable que lo evites para mantenerte a salvo. Si no disfrutas de algo, o no te sientes cómodo en una situación, puedes utilizar tu negatividad para detenerte y salir de allí.

La negatividad es la forma en que somos capaces de detectar las banderas rojas en los demás, percibir el peligro o incluso defendernos. No es algo malo en sí mismo; sólo es un problema cuando se lleva al extremo. Entonces, ¿cuándo es aceptable, fuera del terror o la seguridad? Y lo que es más importante, ¿cuándo deberías gestionar tu negatividad en lugar de luchar contra ella?

Sólo para humanos

La verdad es que es mejor aprender a procesar eficazmente tus emociones negativas para que puedas trabajar con ellas y conservar tu salud psicológica y emocional. Pretender que la negatividad no debe (o no existe) no es bueno para tu bienestar. Hacerlo equivale a reprimir tus emociones, lo que puede enfermarte mental y físicamente, sobre todo porque tendrás una ansiedad reprimida de la que ni siquiera eres consciente.

Los humanos no sentimos las emociones de una en una.

Digamos que es Nochebuena y que estás deseando abrir tus regalos dentro de un día. Estás contento, sí, pero también emocionado, curioso, maravillado, encantado y quizá incluso un poco nervioso porque no estás seguro de si tus amigos y familiares apreciarán los regalos que les has hecho.

La negatividad funciona de forma muy parecida. Rara vez, o nunca, serás "sólo negativo". Suele ser un conjunto de un montón de emociones oscuras: tristeza, frustración, ira, culpa o vergüenza, autodesprecio, preocupación, desconfianza, y la lista continúa. Así que, al fingir que estás bien, estás ignorando todas esas emociones estresantes, y se acumularán en tu interior hasta que no tengan otro lugar al que ir que al exterior. Cuando suprimimos las emociones, éstas tienden a explotar. Es entonces cuando nos metemos en peleas o decimos algo horrible que no queríamos decir.

Lloramos incontroladamente o nos volvemos agresivos y rompemos cosas (con suerte, la nariz de nadie). Es seguro decir entonces, que mientras más negatividad ignores, más negativo te volverás.

Eres un ser humano. Puedes sentirte mal. Puedes sufrir, enfadarte y odiar al mundo de vez en cuando. Lo que importa es que no dejes que tu negatividad te controle.

Un poco de angustia, cuando es adecuada a tu circunstancia, es aceptable. Angustiarse todos los días, sin razón alguna, no lo es, y casi siempre es un síntoma de un problema médico subyacente, como un trastorno psicológico o un desequilibrio hormonal. Tendrás que usar tu criterio, así como la atención plena de la que te hablé, para determinar si tu negatividad es normal o no.

Por ejemplo, si las cosas han sido difíciles para ti durante un largo periodo de tiempo, es comprensible que no hayas sido tú mismo mientras las soportabas. A veces las circunstancias escapan a nuestro control y lo único que podemos hacer es capear el temporal. Sin embargo, si todo lo que te rodea ha sido perfecto, y no tienes nada de lo que quejarte, y sin embargo te sientes insatisfecho, vacío, inexplicablemente triste, nervioso u odioso, deberías considerar la posibilidad de investigar para asegurarte de que no hay un problema grave que te aqueja.

. . .

No pretendo inspirarles miedo. Nuestros estados de ánimo cambian y fluctúan más rápido y con más frecuencia de lo que creemos. Pero es sospechoso y poco saludable si no has experimentado ningún cambio en tu estado de ánimo en un tiempo y pareces estar atascado en una rutina sin ton ni son.

Si ese es el caso, intenta no ser demasiado duro contigo mismo.

Hay una cosa que he dicho antes en este libro que se aplica aquí: nadie es perfecto. No hay que avergonzarse de no estar bien.

Sufrimiento autoinfligido

Aunque la negatividad es inevitable, el sufrimiento no lo es. Puede que no te des cuenta, pero incluso cuando no estás bien, puedes manejar o controlar tus emociones y tu comportamiento, independientemente de lo que la vida te haya deparado. Según la definición estándar, luchar es experimentar dificultades. Puedes luchar para seguir el ritmo de alguien o para levantar un objeto pesado. El sufrimiento, en cambio, es una condición: cómo te sientes cuando te ocurre algo (malo). Puedes sufrir la muerte de un ser querido o las consecuencias de decisiones mal pensadas.

Sí, la mayor parte del tiempo estamos sometidos al sufrimiento porque no perseguimos activamente el dolor emocional o psicológico. Lo que hacemos, sin darnos cuenta, es prolongar nuestro sufrimiento al no mantenerlo a raya o cortarlo de raíz cuando viene a oscurecer nuestras puertas. ¿Quieres un ejemplo? ¿Cuántas veces esperas a estar agonizando antes de ir al médico o al dentista para que te remedie una enfermedad, o te saque una muela? La última ruptura por la que pasaste... ¿trabajaste tus emociones, o te revolcaste en ellas hasta que se calmaron solas?

¿Con qué frecuencia pones en peligro tu propia comodidad o bienestar por miedo a ofender a personas a las que deberías enfrentarte o a meterte en problemas por hablar?

La negatividad es algo con lo que vas a luchar, todos lo hacemos en algún momento. Pero el sufrimiento por tu negatividad es autoinfligido. ¿Por qué? Porque aunque nos demos cuenta de que la negatividad es un problema (salvo las excepciones mencionadas en la sección anterior), no controlamos cómo reaccionamos ante ella. Esto le da toda la libertad para tomar el control de nosotros, desangrar nuestras vidas y arruinar nuestra felicidad. Puedes odiar tu trabajo porque el horario es injusto, el sueldo es bajo y tu jefe es un imbécil. Eso es negatividad justificada o lucha porque es lógico y aceptable sentirse así. Pero si no te esfuerzas en absoluto por encontrar un trabajo mejor, o por inculcarte límites que el trabajo no puede traspasar, o incluso si te levantas de mal humor todos los días porque no has dormido lo suficiente y por eso te sientas en tu escritorio con miseria todo el día, revolcándote en la agonía de trabajar en tu oficina, lo siento, pero tu sufrimiento es obra tuya.

Puedes elegir fácilmente meditar cada mañana antes de salir a trabajar. Puedes decir que no a las horas extra porque tu familia y tu salud son más importantes. Puedes mirar el lado positivo -que tienes un trabajo, no te mueres de hambre y tienes una casa a la que ir- en lugar de centrar toda tu atención en lo que odias.

Es más fácil decirlo que hacerlo, y hay personas que no están en condiciones económicas de enfrentarse a sus jefes o rechazar una paga extra, lo entiendo. Pero incluso en ese caso, puedes ser amable contigo mismo asegurándote de que descansas bien entre medias y de que te das una palmadita en la espalda por trabajar tan duro como lo haces. O, como he dicho, puedes buscar activamente un trabajo mejor. Si no haces ninguna de esas cosas, estás dando prioridad a tu descontento y, por tanto, amplificándolo.

. . .

Otras formas de gestionar tu sufrimiento son pedir ayuda y apoyo a otras personas, acudir a un profesional para que te ayude a superar la pérdida o el malestar, o incluso cambiar tus circunstancias para poder recuperarte. No siempre es posible, lo sé, pero si no puedes cambiar nada más, siempre puedes cambiar tu mentalidad.

Gestión de la salud mental

Ya que estamos en el tema de la gestión de las cosas que no podemos controlar, me gustaría tomarme un momento para alejarme de la negatividad como mentalidad y cubrir algo extremadamente importante: la enfermedad mental.

Empecé este libro informando de que el trastorno mental es ahora una plaga.

Nos está haciendo lo que la guerra y las epidemias hicieron a las generaciones anteriores y, sin embargo, sigue siendo muy incomprendido. Entonces, ¿qué se considera una enfermedad mental y en qué se diferencia de una mentalidad negativa?

. . .

Hay muchos tipos de enfermedades mentales y sería imposible abarcar cada una de ellas, pero en pocas palabras, una enfermedad mental es una condición que perturba, altera o afecta de alguna manera el pensamiento, el comportamiento y las emociones de una persona más allá de su control, y más allá de lo que se considera normal. Por lo tanto, el síndrome premenstrual (SPM), una condición conocida por causar graves cambios de humor en las mujeres antes de que sea su momento del mes, no es un trastorno mental. Aunque su comportamiento cambie y sin duda no sea culpa suya, es la norma biológica de las mujeres en edad fértil y se basa en los cambios hormonales rutinarios. La psicología femenina no influye en absoluto.

El trastorno bipolar -una enfermedad mental- se caracteriza por cambios extremos, a menudo imprevisibles, en el estado de ánimo o la energía de una persona, que van desde los mínimos depresivos hasta los máximos maníacos.

Las personas con trastorno bipolar pueden ser un peligro para sí mismas o para los demás, y la enfermedad -aunque hay muchas variables en juego- está probablemente causada por un desequilibrio químico en el sistema neurológico del paciente. Los seres humanos no son bipolares por naturaleza, por lo que se considera un trastorno.

. . .

De estos ejemplos, ambos afectan a tu estado de ánimo y a tu comportamiento, pero sólo este último es una enfermedad. Lo mismo ocurre con el nerviosismo antes de un gran acontecimiento y la ansiedad generalizada o el trastorno de pánico; la tristeza, la decepción o el dolor cuando ocurre algo imprevisto y la depresión; el hambre porque no has sacado tiempo para comer y la anorexia nerviosa, etc.

Los trastornos mentales suelen caracterizarse por un daño fisiológico o una ineficacia en el sistema nervioso de alguien.

No es la única definición, pero la utilizaré para pintar una imagen clara de la diferencia con la negatividad.

Es posible que una persona con depresión no produzca dopamina, endorfinas, serotonina u oxitocina. Si lo están haciendo, no están siendo llevadas a donde necesitan estar, o su suministro es tan escaso que su efecto es insignificante.

Están predispuestos a la insatisfacción, la infelicidad, el autodesprecio y otras emociones negativas porque físicamente no pueden sentir felicidad o positividad.

Alguien que no está deprimido puede y quiere, al margen de lo que le molesta.

Ahora la parte importante. Hay que decirlo, aunque sea una dura realidad.

Los trastornos mentales no son una excusa para ser tóxico con los demás. Si sospechas que tu negatividad es un síntoma de un problema más grave, es absolutamente tu responsabilidad conseguir la ayuda que necesitas. Puede que las enfermedades mentales no sean curables (en algunos casos), pero pueden controlarse. Vivimos en una época llena de maravillosos avances en medicina, y hay varias opciones disponibles que se adaptan a personas de todas las circunstancias.

Por nombrar algunas, hay terapia, medicación, rehabilitación y, en algunos casos, incluso cambios en el estilo de vida que marcan la diferencia.

Mantener tu salud mental bajo control es una parte importante del primer paso: cuidar de ti mismo.

. . .

Si eres consciente de los trastornos que tienes y no has hecho nada para tratarlos, es el ejemplo perfecto de prolongación del sufrimiento.

Para reiterar: no hay que avergonzarse de no estar bien, y con el aumento de los trastornos mentales en nuestra sociedad los estigmas asociados a ellos están empezando a desaparecer. Pero todavía tienes que ayudarte a ti mismo dando los pasos necesarios para recuperarte. Tú eres el único que puede hacerlo. A veces no se puede cambiar la mentalidad. No es tu culpa, pero tienes que saber que hay ayuda disponible.

Circunstancias imprevistas

Así que, para terminar este capítulo -que, irónicamente, ha sido bastante negativo-, me gustaría hablar de los momentos en los que ninguna resolución, positividad, superación personal o incluso medicación ayudan.

El universo te va a lanzar bolas curvas, y a veces no podrás esquivarlas. Las cosas desafortunadas, trágicas y estresantes son un hecho de la vida. Vas a experimentar pérdidas, vergüenza, dolor, miedo, desamor, rabia y todos los colores del arco iris de la negatividad. Es importante recordar en estos momentos que la negatividad es apropiada, esperada y saludable y que lo único que podrás hacer es sentirla.

. . .

Dicho esto, no esperes a que tu vida se ponga patas arriba y luego te encojas de hombros porque no hay nada más que puedas hacer en ese momento. Prepárate.

Aprende a sentir la negatividad de forma natural y saludable. Pon en marcha un plan de emergencia y asegúrate de que tienes personas -incluso extraños anónimos en Internet- a las que puedes recurrir cuando necesites a alguien que te ayude en la oscuridad. Pero también aprende a aceptar la oscuridad. Es tan natural como el día y si te resistes a ella, te cargarás de un sufrimiento innecesario.

Hay un adagio que me gusta citar: "espera lo mejor, pero prepárate para lo peor". Vive tu vida al máximo y aprecia lo que tienes ahora (el mindfulness ayuda enormemente a ello).

Todo podría cambiar mañana, y si no te preparas, esa bola curva podría hacerte caer. ¿Cómo puedes hacerlo? Fortaleciendo tu mentalidad para que no te falle cuando el mundo lo haga.

También es importante tener en cuenta que cuando ocurren cosas desafortunadas, sigues siendo tu propia responsabilidad. Sigue cuidándote y, cuando se te pase el susto, haz un esfuerzo por curarte. A nadie le gusta pensar en lo que podría pasar, pero sabemos una cosa como un hecho. La vida sigue, te guste o no. Haz que sea lo menos dolorosa posible.

El positivismo perpetuo es antinatural y poco saludable, así que no pretendas ser feliz todo el tiempo.

Es un signo de desarrollo emocional atrofiado y podría provocar trastornos en tu estado de ánimo, en tu psicología o en tu comportamiento. La negatividad no es agradable, pero puede servirnos. Lo que hay que hacer es discernir entre cuándo es necesaria y apropiada, y cuándo es peligrosa. Incluso cuando los tiempos son difíciles -porque habrá momentos que sean sencillamente horribles-, tu mentalidad sigue siendo importante, y no hay necesidad de sufrir, incluso cuando te enfrentas a dificultades.

5

La disciplina para la autoestima positiva

Ya basta con el morbo, volvamos a descubrir cómo puedes ser menos negativo. Tal vez no me hayas creído antes, pero la positividad no es algo que simplemente sucede. No desarrollarás una mentalidad positiva de la noche a la mañana, y si no creas un hábito a partir de ella, perderás tu positividad de todos modos. Todo el mundo experimenta picos en su estado de ánimo, estallidos de alegría y optimismo cuando la vida es maravillosa. Pero luego se produce un bajón, y nos decimos a nosotros mismos que la vida es una montaña rusa. Qué tontería.

Sí, la vida es impredecible y el cambio es la única constante, pero por eso es importante construir una estabilidad para ti. Si lo haces, cuando la vida te lance esas ominosas bolas curvas, no te verás abatido y no abandonarás el barco de la positividad a la primera señal de tormenta.

Como cualquier otro aspecto del desarrollo de la positividad, crear esa estabilidad es más fácil de decir que de hacer. De hecho, puede que te preguntes cómo puedes poner en práctica alguno de estos pasos. Hay muchos factores en la vida que podrían impedirte hacerlo. Utilicemos el ejercicio como ejemplo. Sabes que deberías hacerlo. Quizá quieras hacerlo. Pero a la hora de la verdad, no tienes tiempo, ni energía, ni ganas, ni siquiera espacio o recursos. El ejercicio es importante, pero en tu vida, probablemente no es urgente. Las facturas, los niños, la supervivencia y otros recados ocupan tu atención. Lo entiendo.

Tus hijos son importantes, al igual que tu trabajo, tu casa, tu vida social, tus compras, tu tiempo libre, etc. Eso no lo discute nadie. Pero tu salud y tu felicidad también son importantes, y si las has dejado en un segundo plano, eso es un problema.

Por eso me he guardado este capítulo. Si te lo explicara antes, casi podría garantizarte que habrías abandonado este libro en busca de uno que se adapte a tu pereza, procrastinación y excusas. Porque eso es lo que estás haciendo. Te estás escabullendo de la verdad, utilizando otros asuntos de tu vida para justificarla.

Este capítulo será el paso más difícil de todos porque nadie, excepto tú, puede hacerlo realidad. Hasta ahora, te he dicho qué hacer, pero no cómo hacerlo.

Todo lo que hemos tratado hasta ahora -salud, actitud, desorden, cambio y gestión de ti mismo- no significa nada si no tienes una cualidad muy importante.

Disciplina.

Déjate de excusas. Puedo oírte a través de este libro. Te dices a ti mismo: "Bueno, no tengo disciplina, así que a la mierda, me voy". No voy a tener nada de eso.

Nadie, quiero decir absolutamente nadie, nace con disciplina. Es algo que aprendemos y (sorpresa, sorpresa) nos comprometemos. Piensa en algunas de las cosas que has abandonado o en las que has fracasado a lo largo de los años. ¿Estaba el universo atormentándote, o simplemente eras perezoso? Nunca es demasiado tarde para cambiar tu determinación, tu ética de trabajo o tu resolución. Presta atención a esto. Esto hará o romperá tu viaje hacia la positividad.

. . .

La verdadera magia

Mi problema con la mayoría de los libros de autoayuda es que se centran más en la validación y los trofeos de participación que en marcar una verdadera diferencia en la vida de los demás.

Echa un vistazo a otros libros sobre el pensamiento positivo. Te dirán lo que tienes que pensar, pero no cómo pensarlo (o incluso pensar por ti mismo). Así, puede que leas el libro esperando que ocurra la magia, pero en realidad todo lo que has hecho es copiar la respuesta de alguien sin aprender la ecuación para llegar a ella. No me malinterpretes, la autoayuda es una industria válida y cambia y salva vidas al elevar y motivar a las personas. Pero no puedo evitar sentir que el mercado está tan sobresaturado de estafadores que la mayoría de los contenidos que se vomitan serán como decirle a alguien "Puedes luchar en esta guerra, ¡creo en ti!" y luego ponerlo en primera línea sin ningún tipo de armas, protección o conocimiento de cómo luchar.

Esta es la verdad de la situación. Ninguna de las técnicas o prácticas que te he mostrado tendrán ningún efecto si no tienes disciplina. Son hábitos. Tienes que practicarlos con regularidad y seriedad o, de lo contrario, no son más que una pérdida de tiempo, rellenos en los que participas cuando necesitas darte una palmadita en la espalda pero no te has molestado en intentarlo de verdad.

. . .

Es porque la industria de la autoayuda te ha dado una falsa idea de lo fácil que es cambiar tu vida. La vida no cambia.

Lo haces tú. Puedes leer tantos libros sobre positividad como creas conveniente, si los practicas con la misma actitud que tenías cuando entraste, no vas a ver resultados.

La única magia cuando se trata de mejorarse a sí mismo es tomar la decisión de hacerlo y luego seguirla. Es decir que vas a hacer ejercicio, y luego hacer ejercicio de forma rutinaria, sin falta. Es decir que vas a dejar de decir cosas crueles sobre ti mismo, y luego atraparte cuando lo haces hasta que se convierta en algo natural.

Al igual que te obligas a trabajar aunque no quieras, o dedicas tiempo y esfuerzo a una habilidad que te gustaría aprender (o incluso simplemente disfrutar), tienes que practicar la positividad todos los días. Si no lo haces, se atrofiará.

Ese es el único secreto del éxito. Ni más ni menos. No hay un hechizo mágico, ni un ritual vital que debas hacer cada mañana o para apaciguar a los dioses de la buena fortuna.

. . .

No hay un manual de instrucciones, ni una receta para el éxito que puedas alterar según tu dieta preferida. Las personas con éxito son personas disciplinadas. Fin de la historia.

Excusas, excusas

Entiendo que la disciplina es difícil, por eso mucha gente fracasa en ella.

Requiere energía y paciencia, por no hablar de la fuerza de voluntad, que es algo que no nos sale naturalmente a muchos de nosotros. Hay muchos factores por los que la gente pierde su motivación. Un ejemplo es alguien que está luchando contra la depresión o la ansiedad. Los trastornos mentales, como se ha dicho, cambian el comportamiento.

En muchos casos, la disciplina es la primera cosa que recibe un golpe como se observa cuando algo tan simple como tomar una ducha o revisar su correo se vuelve demasiado difícil de hacer.

. . .

Esos casos son comprensibles porque no son exactamente problemas que la fuerza de voluntad pueda resolver. Suponerlo sería lo mismo que decirle a alguien que se limite a empujar una migraña, o que camine con una pierna rota.

Sin embargo, para todos los demás es simplemente pereza, y de nuevo la epidemia de la infalibilidad se vincula, porque cuando perdemos por nuestra pereza, no admitimos que nos defraudamos y que nuestros problemas son nuestra propia culpa. Esto es especialmente cierto cuando se trata de la procrastinación, porque es más fácil autovalidarse.

¿Cuál es la diferencia? La pereza es la falta de deseo o intención de hacer algo. Es cuando no tienes ganas de hacer algo, así que no lo haces.

La procrastinación es cuando tienes la intención de realizar una tarea específica, pero haces todo lo posible para evitar hacerla porque no te apetece. Así, si tienes que limpiar tu casa y no lo haces porque no te apetece, y en su lugar te quedas en la cama viendo películas, eso es pereza.

Usando ese mismo ejemplo, si te dices a ti mismo: "Voy a hacer algo de trabajo, e iré a comprar al supermercado, y llamaré por teléfono a mi amigo, y borraré algunos correos electrónicos primero... luego limpiaré", eso es procrastinar.

En cualquier caso, ambas cosas son enemigas de la disciplina.

Como no queremos admitir que nos estorbamos a nosotros mismos, nos inventamos excusas para justificar nuestra pereza y procrastinación. La mayoría de estas excusas son poco convincentes, pero estamos tan desesperados por ser víctimas y no autores del fracaso que nos las creemos a pies juntillas.

Ese es un comportamiento negativo, y no te servirá. Así que, entre otras cosas que puedes hacer para ser más disciplinado, el primer paso es dejar de excusar los momentos en que no lo eres. Aquí tienes una pequeña lista de cosas que no puedes decir más, mientras trabajas en tu mentalidad positiva:

- "No tengo tiempo". Saca tiempo. Es así de sencillo.
- "No es importante". Sí, lo es. ¿O es que no quieres superarte?
- "Me olvidé". Para eso están los recordatorios y las alarmas, amigo mío.
- "Estoy demasiado cansado". Pues hazlo mañana. O mejor aún, descansa un poco y luego levántate y hazlo. Si

utilizas esta misma excusa, te estás mintiendo a ti mismo y no contará.
- "No estoy motivado". La disciplina no requiere motivación. Es la capacidad de hacer lo que hay que hacer tanto si estás motivado e inspirado como si no.
- "No estoy preparado". A no ser que te refieras a que no te has puesto la ropa de gimnasia, o que necesitas ir al baño antes de empezar el entrenamiento, esto no tiene sentido. Si utilizas esta lógica, nunca estarás preparado. La disciplina exige una actitud de "ahora o nunca".
- "Lo haré más tarde". ¿De verdad? Sí, eso pensé.

Ya entiendes lo esencial. Sin embargo, te daré un pase. Si no puedes usar el "poder del todavía" con tus razones para no hacer algo, son excusas sin sentido, y deberías tirarlas junto con tu desorden y negatividad.

Trabaja duro, juega duro

¿Quieres saber por qué el único secreto del éxito es la disciplina?

Es porque sembramos lo que cosechamos. El esfuerzo que pones en algo es proporcional al resultado que obtendrás de ello. Si sólo meditas una vez al año, sólo experimentarás la claridad que aporta una vez al año. Si sólo haces ejercicio cuando te apetece, no tendrás el cuerpo que quieres ni las endorfinas que buscas tan a menudo como te gustaría. Si quieres una mentalidad positiva, pero no te esfuerzas en ser positivo, seguirás siendo una persona negativa.

Por eso, antes mencioné que los ambiciosos no ven la dificultad presente, sino que se centran en la recompensa final. La positividad es tu recompensa, y por eso tienes que ser disciplinado en su búsqueda.

Aun así, entiendo que es complicado y ahí es donde viene el problema. La disciplina es agotadora. De hecho, es agotadora. Puede que sientas que estás sacrificando tu alegría al priorizarla, y es normal. Pero la satisfacción de ser perezoso, o de procrastinar, o de perder el tiempo para sentirte bien temporalmente, te costará tu positividad a largo plazo.

Trabaja duro para poder jugar duro. Supera la agonía inicial y, como todo lo demás, se convertirá en un hábito que acabará por hacerte sentir mejor de lo que puedes imaginar.

Te lo garantizo.
    Manténgase firme

. . .

No voy a lanzarte al vacío. Decirte que seas disciplinado sin mostrarte el camino sería un esfuerzo infructuoso. Así que, en lo que se refiere a los pasos que hemos cubierto (y éste también, de alguna manera extraña), he aquí cómo puedes ayudarte a ponerlos en práctica. Recuerda que Roma no se construyó en un día y que será difícil cumplirlos al principio.

Prométeme que no te dejarás abatir y que continuarás en lugar de rendirte.

De todo lo que hay en tu artillería, estos consejos son el bate de béisbol que vas a coger, encontrar el camino y luego golpear los limones con ellos. Pero como dicen, puedes llevar un caballo al agua, pero no puedes hacerle beber. Te estoy dando el bate de béisbol. Tienes que encontrarlo dentro de ti para usarlo, y desafortunadamente, no puedo ayudarte con eso.

Rendición de cuentas

Es muy fácil fracasar cuando nadie te observa. Hazte un favor y cuéntale a la gente tus compromisos y tu viaje.

. . .

Pueden ser personas en las que confíes, o un público en las redes sociales.

Pueden ser profesionales médicos, tu pareja, tus padres, incluso un grupo de apoyo de personas que están haciendo el mismo esfuerzo que tú.

La lógica es sencilla. Si le dices a alguien que vas a hacer algo, es más probable que lo cumplas. Si no lo haces, puede causar problemas, como la decepción, o tener que dar explicaciones, o admitir tus errores (y ya hemos hablado de por qué a los humanos no les gusta hacer eso). Del mismo modo, si lo haces, te sentirás bien contigo mismo (o, al menos, no tendrás el estrés de las consecuencias de no aparecer o no hacer tu parte).

También está el hecho de que, si le dices a alguien que te haga cumplir tu palabra, y fracasas en lo que te has propuesto hacer, te arriesgas a que te juzguen. A nadie le gusta que le juzguen. Hacer que los demás se comprometan es una buena manera de ponerte en marcha. Estarás mucho menos dispuesto a meter la pata si tienes que responder por tus deslices.

Refuerzo positivo

. . .

Si quieres desarrollar hábitos, necesitarás cierta motivación para mantenerlos. Haz de esto lo que quieras. Aquí hay mucho espacio para la creatividad. Algunas ideas para ti son:

- Recompensarse con un capricho cada vez que se completa la lista de tareas.
- Permitirse un día de trampa por cada hito alcanzado.
- Sólo dedicarse a las cosas de ocio o diversión que se disfrutan, una vez que los esfuerzos están fuera del camino.
- Mimarse una vez que se lo ha ganado.

Puede ser tan sencillo (un caramelo después de una sesión de meditación) o tan complejo (una transmisión en directo para celebrar los hitos de los suscriptores si estás documentando tu viaje para una audiencia) como quieras. El objetivo es engañarte para que trabajes de forma más eficiente y puedas cosechar los beneficios más rápidamente.

No pienses, hazlo. Pero no improvises. Si improvisas, te desviarás del camino porque acabarás haciendo lo que te apetece en lugar de lo que necesitas. Utiliza una agenda, alarmas, recordatorios y calendarios para marcar tus compromisos. Cuando llegue el momento, no los ignores.

. . .

No pienses, no sientas, simplemente haz lo que tu planificador te dice que hagas. Con el tiempo, encontrarás tu ritmo.

Forzarlo (otra vez)

Mira, la disciplina no es divertida. Es un trabajo. Lo vas a odiar y va a ser incómodo, tedioso y desagradable. Pero tendrás que superarlo. Eso es la disciplina. Es obligarte a hacer lo que tienes que hacer, incluso cuando no lo disfrutas.

Sin embargo, debo hacerle una advertencia: conozca sus límites. Hay una diferencia entre la disciplina y el peligro.

No presiones por una lesión, un trastorno mental o el agotamiento. Puedes agravar tu estado si lo haces, así que debes saber cuándo trabajar y cuándo descansar. Si crees que no hay un problema subyacente o una razón válida para esforzarse, hazlo. Tu disgusto no durará para siempre, te lo prometo.

Lección aprendida

. . .

Una mentalidad positiva no es algo que se pueda desarrollar de la noche a la mañana. Vas a tener que morder la bala y obligarte a desarrollarla mediante el único truco del libro que realmente importa: la disciplina.

Esta es una habilidad que hay que perfeccionar. La práctica hace la perfección, así que deja de poner excusas y esfuérzate en aprenderla.

6

Comienza a ver los cambios

EL PRIMER PASO que tienes que dar para cambiar un hábito es decidir exactamente qué quieres cambiar y hacerlo lo más pequeño posible. No quiero decir que el cambio de hábito general que quieres lograr tenga que ser diminuto, sino que los pasos que des cada día para conseguirlo tienen que ser lo más pequeños posible porque quieres que sean estúpidamente fáciles de hacer.

Esto es lo que se llama un mini-hábito. Digamos que tu objetivo es empezar a usar el hilo dental. En realidad, éste es uno de los primeros ejemplos de un minihábito. Si quisieras empezar a usar el hilo dental con regularidad, lo único que harías sería empezar por usar el hilo dental en un diente el primer día. El segundo día utilizarías el hilo dental en dos dientes, y así sucesivamente hasta que te limpies toda la boca con el hilo dental.

. . .

He aquí otro ejemplo. Tal vez seas un escritor y estés luchando por terminar tu primer libro. Te gustaría escribir 1.000 palabras cada día, pero eso es una lucha para ti en este momento. Mira cuántas palabras has estado escribiendo cada día, si es que lo has hecho, y luego elige una cantidad que sea lo suficientemente fácil de alcanzar en un día.

Digamos que ese número es 50 palabras. Empieza a escribir 50 palabras cada día en tu libro, aumentando poco a poco a medida que avanzas. Antes de que te des cuenta, estarás escribiendo 1000 palabras cada día.

La cosa es que estás engañando a tu cerebro con estos pequeños hábitos. Tu cerebro dice: "Pfft, son sólo 50 palabras. ¿Qué tan difícil puede ser?" Y es por eso que puedes encontrar que algunos días naturalmente empiezas a hacer más que tu pequeña meta porque es muy simple.

Esto puede funcionar para cualquier tipo de hábito que esté buscando crear. Por otro lado, si quieres dejar un hábito, puedes hacer lo mismo. Por ejemplo, si eres fumador, calcula cuántos cigarrillos fumas al día, y luego calcula cuántos puedes fumar sin sentir que te vuelves loco.

. . .

Si eres un fumador de un paquete diario, fumas 20 cigarrillos al día.

Es factible que sólo fume 19 y no sea tan duro consigo mismo. Entonces, seguiría bajando el número de cigarrillos que fuma cada día en uno. Ahora bien, si no cree que pueda bajar el número cada día, puede hacerlo cada dos días, o incluso cada semana. La cuestión es engañar a tu mente para que piense que lo que estás haciendo es estúpidamente fácil.

Así que, en el primer día, descubre el objetivo fácil y estúpido que puedes lograr cada día.

Elegir un cambio evidente

Muy bien, has llegado al segundo día. Asegúrate de seguir cumpliendo tu estúpido y fácil objetivo. De hecho, ese es un acuerdo calderilla de aquí en adelante: No dejar de hacer la tarea del día anterior, sólo añadirla. Recuérdalo de aquí en adelante, ¿de acuerdo?

Ahora vamos a hablar de la importancia de asegurarse de que el cambio que espera hacer es evidente. Hay una razón por la que los propósitos de Año Nuevo no suelen funcionar.

O son demasiado grandes o no son lo suficientemente específicos, y ambas cosas suelen ir de la mano.

Tendemos a morder más de lo que podemos masticar porque nos gusta pensar que somos capaces de hacer grandes cosas. Esa es una gran mentalidad. Todos deberíamos aspirar a las estrellas, pero también deberíamos ser realistas sobre nuestra situación actual.

Entonces, ¿por qué es importante que tus objetivos sean específicos? En primer lugar, cuando tienes un objetivo que se puede medir, tienes menos conjeturas sobre lo que vas a tener que hacer para lograr tus objetivos. Además, cuando te aseguras de tener un objetivo claramente establecido, podrás hacer un seguimiento del progreso que haces, lo que te ayudará a motivarte aún más.

Digamos que tiene el objetivo de "llevar una vida más sana".

. . .

Eso es admirable, pero ¿qué significa eso? Podría significar comer más sano, hacer ejercicio, dormir más, meditar, etc.

Pero no tienes ningún tipo de objetivo exacto. Tendrás un montón de preguntas a las que te enfrentarás en el día a día.

Lo más probable es que estas preguntas te abrumen, haciendo que te rindas porque tus objetivos parecen demasiado grandes o fuera de tu alcance.

Recuerda el primer día, quieres asegurarte de que te resulte fácil hacerlo. No saber exactamente qué es lo que tienes que hacer no te lo pone fácil. Así que, en lugar de decir "quiero llevar una vida más sana", podrías decir "quiero hacer ejercicio durante 30 minutos, cinco días a la semana". Esto es algo específico y medible. Puedes trabajar fácilmente con esto, e incluso puedes elaborar un horario para poder mantenerte en el camino.

Aun así, verás que te cuesta un poco. Estás haciendo un gran cambio, pero no vas a tener que adivinar lo que tienes que hacer. Una vez que hayas comprendido tu objetivo, podrás mantenerlo con más facilidad. Cuanto menos tiempo le dé a su cerebro para adivinar lo que está haciendo, más probable será que lo haga.

Hay veces que nos da miedo fijarnos un objetivo concreto porque tememos fracasar. La verdad es que, siempre que lo des todo y te esfuerces al máximo, no existe el fracaso.

También es importante recordar que todo objetivo importante en tu vida va a requerir algún tipo de flexibilidad en la forma de alcanzarlo. Te vas a encontrar con algunos baches en el camino, e incluso puedes llegar a algunos desvíos, pero el simple hecho de tener un plan sólido antes de empezar te ayudará a largo plazo.

También es importante que no seas demasiado duro contigo mismo. Estamos tratando de revisar nuestro enfoque de la vida y nuestros objetivos todo el tiempo. Lo único que queremos es alcanzar la mejor versión de nosotros mismos, y eso llevará tiempo.

Mantener la sencillez

Acabo de mencionarlo, pero una de las principales razones por las que la gente no alcanza sus objetivos es porque no son realistas. Ahora bien, con "mantener los objetivos simples" no me refiero a lo mismo que en el primer capítulo, donde dije que los hicieran estúpidamente fáciles. Aquí estamos hablando de asegurarse de que su objetivo general es realmente realista para que usted pueda alcanzar.

Veámoslo de esta manera. Supongamos que acaba de someterse a un examen físico y su médico le ha dicho que estaría mucho mejor si empezara a hacer ejercicio y perdiera algo de peso, así que toma la decisión de perder 25 libras en un mes. Crees que podrás hacerlo porque vas a hacer ejercicio durante 90 minutos cada día y a mantener una dieta de 1000 calorías. Pero una vez que te cansas de hacer ejercicio, comes más de las calorías diarias permitidas o no pierdes peso, sientes que has fracasado.

Si nunca has hecho ejercicio en tu vida, no sería realista que pensaras que de repente podrías empezar a hacer ejercicio todos los días. Para la mayoría de la gente, comer sólo 1000 calorías cada día no es factible, así que es comprensible si no eres capaz de mantener la dieta. Por último, la mayoría de los médicos recomiendan no perder más de cuatro a seis libras cada mes. Por lo tanto, no has fracasado, simplemente no has alcanzado tus objetivos porque no eran realistas.

. . .

Quieres que tu objetivo sea realista, así que tiene que ser algo que te aleje de la norma, pero que todavía sea algo que puedas conseguir razonablemente si te mantienes en ello.

Has sido un bebedor de café durante la mayor parte de tu vida, decir que no volverás a beber café no es realista. Lo que sí lo sería es decir que sólo beberás café una vez a la semana o una vez al día, dependiendo de la cantidad de tazas a la que estés acostumbrado.

Aquí tienes un dato curioso. En 1953 se realizó un famoso estudio en la Universidad de Yale sobre la fijación de objetivos. Preguntaron a los estudiantes de último año de la promoción de ese año si se habían planteado objetivos para el futuro. Sólo el tres por ciento de los que se graduaron dijeron que lo habían hecho. 20 años más tarde, en 1973, los investigadores volvieron a reunirse con esos estudiantes de último año para ver cómo les iba.

Descubrieron que los que se habían planteado un objetivo específico antes de graduarse acabaron siendo mucho más ricos que el otro 97% de los estudiantes que no lo hicieron.

. . .

Un innumerable número de gurús de la autoayuda han utilizado este estudio como prueba de que es necesario establecer objetivos para tener éxito. Ahora bien, para reventar tu burbuja, si intentas buscar ese estudio, descubrirás que no existe. Es simplemente una leyenda urbana.

No hay ninguna forma de demostrar que la fijación de objetivos signifique que se vaya a alcanzar el éxito financiero. Por lo tanto, nunca debe sentir que la fijación de objetivos es el único medio para alcanzar un fin. Dicho esto, cuando decidas establecer objetivos y cambiar hábitos, debes asegurarte de que son sencillos y realistas.

7

Cambiar de perspectiva

Todos hemos oído el dicho "misma canción, distinto día". Así es como se sienten muchas personas con respecto a sus vidas. Observan cómo hacen lo mismo día tras día sin ningún cambio. Tal vez se levantan y salen a pasear cada mañana y caminan en la misma dirección. Luego desayunan lo mismo, toman la misma taza de café, van al trabajo, almuerzan lo mismo, y así sucesivamente. Esto es perfectamente normal para casi todo el mundo. Nos levantamos y hacemos lo mismo, o al menos casi lo mismo, todos los días. Pero esto puede envejecer y obstaculizar nuestro éxito. Es importante que aprendamos a pensar de otra manera. No puedes ir por la vida utilizando los mismos procesos de pensamiento. No podrás crear una vida diferente si no cambias tu forma de pensar.

. . .

Lo mejor para ayudarte a pensar de forma diferente es cambiar tu perspectiva y ver las cosas desde un nuevo punto de vista.

Hablaremos de algunas de las mejores maneras de cambiar tu perspectiva para que puedas permitir que tu mente crezca y crear un nuevo espacio para que los nuevos hábitos echen raíces.

En primer lugar, cambia tu rutina. Si siempre sale a caminar cada mañana, intente tomar la ruta opuesta a la que toma normalmente. En lugar de salir por la puerta principal, sal por la trasera. En lugar de girar a la izquierda, gire a la derecha. O bien, tome una ruta completamente diferente.

Cuando tomes rutas diferentes, empezarás a ver cosas que nunca antes habías visto. También vas a ver cosas que has visto pero desde un punto de vista diferente. Cuando esto ocurra, verás más dimensiones y empezarás a entender las cosas a un nivel más profundo.

Tu vida se va a beneficiar de estos pequeños cambios. Estos pequeños cambios te proporcionarán la conciencia de que hay mucho más en la historia que lo que ves al principio.

. . .

Después de haber encontrado esa conciencia, empezarás a buscar la historia completa. Las piezas que te faltan pueden ser lo que necesitas para resolver cualquier problema que puedas tener, aprender algo nuevo o simplemente cambiar un patrón de pensamiento.

Otra forma de cambiar tu perspectiva es recuperar tu poder.

Es muy fácil caer en una rutina de pensamiento en la que siempre señalamos la culpa a otra persona o a una situación ajena a nosotros. Por ejemplo, es fácil pensar que otra persona tiene más carisma que tú, lo que te hace pensar que nunca serás capaz de lograr lo que ellos hacen. Pero si cambias esa perspectiva y miras las cosas de forma positiva, podrás ver que tienes un camino para mejorar. Puede que no alcances el mismo tipo de carisma que tiene otra persona, pero puedes desarrollar el tuyo a tu manera.

Aunque al principio esto pueda parecer extraño o incómodo, tienes la oportunidad de vivir tu poder y de hacer que tu éxito se base en tus habilidades, al tiempo que reconoces que tienes el poder de crear mejores habilidades.

. . .

Entonces, ¿cuál es la mejor manera de recuperar tu poder?

¿Hay algo en tu vida de lo que necesites adueñarte y encontrar una perspectiva diferente? Si te centras en el hecho de que realmente tienes el poder de cambiar, descubrirás que realmente te sientes mejor contigo mismo y que tu perspectiva ha empezado a cambiar.

También puedes visualizar tu problema de una manera diferente. Esto te ayuda a encontrar un espacio en tu mente para crear una nueva realidad. Por ejemplo, imagina que has subido a la cima de una montaña muy alta y miras delante de ti, ¿qué es lo que ves? El valle de abajo con sus pequeñas figuras, el horizonte, el cielo, y ves las cosas inmediatas como arbustos, rocas o árboles. Ahora, imagina que estás en el fondo del valle. Mira a tu alrededor y observa lo que puedes ver. Puedes ver la montaña que tienes delante, con su cima tan lejana que no puedes ver los árboles y las rocas que hay en ella. Puedes ver el cielo que está aún más lejos y quizás algunas nubes hinchadas. Los alrededores inmediatos ya no son difíciles de ver. Ahora están llenos de vida. Puedes ver lo que no podías mientras estabas en la montaña.

Si empiezas a mirar tus problemas en la vida de esta manera, viéndolos de cerca y de lejos, empezarás a ver algo nuevo. Probablemente te darás cuenta de que las cosas no son exactamente como parecen, o puede que encuentres ese detalle que necesitas para dar el siguiente paso. Empezarás a abrir tu mente a nuevas perspectivas, detalles y caminos.

Prueba algunas de estas cosas hoy y todos los días siguientes.

Haz las cosas de una manera diferente y mira lo que pasa.

Tener paciencia

La paciencia desempeña un papel importante en la fijación de objetivos. Lo lamentable es que muchas personas se fijan objetivos y se rinden antes de ver resultados. Mucha gente empieza algo nuevo, como una dieta o un negocio, y abandona después de una semana. La razón más importante es que no tienen la paciencia necesaria para cumplirlo. El objetivo es realista, es sencillo, es pequeño, pero no se consigue lo suficientemente rápido para ellos.

Así pues, dediquemos algo de tiempo y un poco de paciencia a ver cómo superar nuestra falta de paciencia.

. . .

En primer lugar, tienes que darte cuenta de que alcanzar tus objetivos te llevará tiempo. ¿Cuántas veces te has sentado a escuchar a una persona de gran éxito hablar de lo increíblemente fácil que fue para ellos ganar dinero con su negocio?

¿Te hablan también de los otros diez negocios que fracasaron? ¿Te hablan de todas las largas horas de trabajo y lectura? No, no lo hacen. ¿Por qué querrían hablar de las luchas? La respuesta es muy sencilla. Quieren venderte lo que sea que estén tratando de vender, ya sea un libro o un programa.

¿Qué probabilidades hay de que una persona compre su producto si le dice a la gente la verdad sobre lo difícil que es llegar a donde está? Pocas o ninguna. Sólo vamos a ver el producto terminado después de que hayan superado todas las dificultades.

No hay éxitos de la noche a la mañana. Tus objetivos van a requerir tiempo.

La idea de alcanzar tu objetivo es sólo una pequeña parte del proceso. Todas las personas de éxito te dirán que tienes que ser paciente para alcanzar tus objetivos. La paciencia es una de esas cosas que todos hemos perdido debido a nuestro entorno de noticias instantáneas.

En segundo lugar, la paciencia es una virtud. Toda persona de éxito se da cuenta en algún momento de que se necesita paciencia y tiempo para alcanzar sus objetivos. Si te planteas un objetivo y lo cumples en una hora o en un día, entonces es probable que haya sido demasiado fácil. Pero también te ha enseñado que eres completamente capaz de alcanzar un objetivo. Esto te dará la confianza necesaria para luchar por objetivos más grandes.

La fijación de objetivos y la paciencia, juntas, son una combinación maravillosa porque crean un gran equipo.

Ser paciente nunca es malo. No ser paciente es la única forma segura de perder la oportunidad de alcanzar tus objetivos y cambiar tus hábitos. Esta es la razón por la que muchas personas acaban abandonando sus objetivos antes de que las semillas de los mismos tengan la oportunidad de echar raíces. No es posible plantear un objetivo y esperar alcanzarlo en un solo día. Si subes una montaña y sólo tardas una hora en llegar a la cima, probablemente no sea una montaña enorme.

. . .

Se supone que las montañas y las metas son difíciles para que nos empujen a hacer algo que nunca hemos hecho antes. Tu gran objetivo no tiene por qué ser algo que nadie haya hecho antes. La meta debe ser simplemente algo que no hayas hecho antes, que te empuje más allá de los lugares donde has estado.

Esto es lo que significa realmente que la paciencia es una virtud, porque el objetivo debe hacerte mejor de lo que eras antes. Esto es lo que hace que la paciencia para fijar objetivos sea tan importante.

Concéntrese en las cosas que quiere

A la mayoría de la gente le resulta muy fácil decir lo que no quiere.

De hecho, cuando se habla de cambiar su vida a mejor, la gente es más propensa a decir las cosas de las que quiere deshacerse. Dicen cosas como: "No quiero esta deuda", o "No quiero vivir en una casa pequeña", etc. El poder del enfoque es una capacidad asombrosa que tiene nuestra mente. Pero una capacidad de enfoque poco desarrollada nos va a complicar la vida. Eso es lo que ocurre con las afirmaciones de "no". Muchas tareas acaban pareciendo totalmente imposibles.

. . .

Si te tomas el tiempo para desarrollar adecuadamente tu capacidad de concentración, todas esas distracciones desaparecerán. Tus tareas se harán sin esfuerzo y te lanzarás directamente a lo que tienes que hacer y lo completarás con facilidad. Dentro del cerebro, tienes un mecanismo muy peculiar conocido como el "Sistema de Activación Reticular", o SRA.

Este increíble sistema te da la oportunidad de filtrar la inmensa cantidad de datos que fluyen constantemente por tu cerebro para que puedas averiguar exactamente lo que es importante. Sin este sistema, acabarías abrumado por los datos que tienes que procesar en tu día a día.

Tu SRA es capaz de aprender tus hábitos de enfoque, y con esa información, filtrará todos los datos a los que te enfrentas durante el momento. Básicamente, sólo vas a encontrar lo que estás buscando.

Lo que habitualmente se enfoca puede verse como un par de gafas con cristales de colores. Cuando te pones esas gafas, todo se tiñe de ese color. De la misma manera, aquello en lo que pasas tu tiempo enfocado va a determinar la textura y el color de tu vida.

. . .

Esta es la razón por la que tienes que hacer un esfuerzo sincero para cultivar una mentalidad feliz y positiva. Cuanto más elijas centrarte en las cosas buenas, en las cosas que quieres, en los sentimientos de felicidad y en sentirte bien, más van a aparecer todas estas cosas buenas dentro de tu entorno porque eso es lo que tu SRA va a percibir.

Cualquiera que sea tu punto de enfoque determinará los pensamientos que están dentro de tu mente.

Inevitablemente, si empiezas a concentrarte en pensamientos sobre tus pies, esos pensamientos van a empezar a fluir por tu mente. Esto es cierto con cualquier tema. El enfoque de tu mente puede ser visto como una orden directa dada a tu mente. Le dice a tu mente en qué tiene que pensar a continuación, y es muy importante que le des las órdenes que te llevarán hacia una vida mejor. Eso es lo que todos queremos, después de todo.

Si te permites centrarte únicamente en la razón por la que eres capaz de alcanzar tus sueños y objetivos, vas a encontrar fácilmente esos caminos. Del mismo modo, si decides centrarte únicamente en las razones por las que no puedes alcanzar tus objetivos, también las vas a encontrar. Aunque pueda parecer demasiado simplista, lo cierto es que todo lo que tienes que hacer es buscar lo que quieres.

Somos muchos los que pasamos por la vida sintiendo que estamos condenados por la "mala suerte". Es importante entender que no hay nada misterioso o supersticioso en la forma en que funciona el Universo. No juega a ningún juego, y definitivamente no tiene favoritos. Funciona siguiendo una ley establecida, que muestra claramente en cada estrella del cielo y en cada brizna de hierba.

Las personas más exitosas de este planeta son las que se empeñan en estudiar cómo funcionan estas leyes y tratan de vivir su vida lo mejor posible de acuerdo con ellas. La "mala suerte" sólo ocurre cuando una persona se ha centrado en ella. Las personas que caen en esta trampa creen que son simplemente lo que son, y piensan que están condenadas al fracaso y a la pobreza.

Cuando nos centramos en esto, no nos traerá más que fracaso y pobreza. Siempre que notes que una persona fracasa, es muy probable que su problema haya sido tener pensamientos de fracaso.

Pero, cuando ves a personas que tienen éxito en su vida, puedes estar seguro de que sus pensamientos se han centrado en el bienestar y el éxito. Tus pensamientos son los que crean tu realidad, y tus pensamientos están determinados por tu punto de enfoque. Empieza hoy mismo a intentar centrarte sólo en aquellas cosas que quieres en tu vida, como el éxito, la facilidad, la conectividad, el amor y la felicidad. Esto te ayudará a cambiar tu vida y a alcanzar tus objetivos.

Hay una trampa complicada en la que algunas personas caen cuando se trata de pensar sólo en lo bueno y en las cosas que quieren. La gente empieza a pensar que si el más mínimo pensamiento negativo aparece en su mente, creen que están condenados y acaban de arruinar su éxito. Lo mismo ocurre si se sienten deprimidos por alguna razón. Por suerte para ti, tenemos un capítulo en el que hablaremos de aceptar todas las emociones que experimentas, porque eso es tan importante como centrarse en lo que quieres.

El punto principal de esto es que necesitas trabajar en enfocar exactamente lo que quieres cambiar y traer a tu vida. Esto hace que tu mente se centre en lo más importante. Estás desperdiciando una valiosa capacidad cerebral cuando decides centrarte en todo lo que no debes hacer.

. . .

Deshazte de lo que no debes hacer y trae lo que sí debes hacer para que puedas ver el cambio que quieres en tu vida.

Haz las cosas que te gustan

¿Has estado viviendo con el piloto automático? ¿Te levantas cada día sabiendo cómo será tu vida diaria, mensual y anual? ¿Te sientes infeliz, aburrido o sueñas despierto con tener más? ¿Te ves viviendo a través de la vida de otras personas? ¿Piensas a menudo: "Esto es todo lo que hay? ¿Esto es todo lo que debo ser?"

Si es así, es el momento de hacer un cambio, ya sea pequeño o grande.

Todo el mundo puede tener un gran impacto en el mundo.

Para lograr un impacto, tienes que adaptarte y hacer cambios a medida que la vida sucede a tu alrededor. Con todos estos cambios llegará una mezcla de ansiedad, tristeza, miedo, emoción y felicidad. No permitas que el miedo a trabajar duro o a fracasar se interponga en tu camino a la hora de tomar decisiones. Tienes que aceptar todas las emociones negativas y verlas como una forma de aprender y crecer. Piensa y recuérdate continuamente las razones por las que el cambio será bueno para ti, como:

Podrías inspirar a otros

El cambio es un efecto dominó. La mayoría de la gente se levanta cada día y sigue su rutina normal porque todo el mundo hace lo mismo. Levantarse, ir a trabajar, comer, volver a casa, cenar, ir a dormir, levantarse, ir a trabajar, comer, volver a casa, cenar, ir a dormir... Esto se convierte en su ciclo interminable. Han empezado a creer que esto es la norma, y que tienen que seguir viviendo su vida de una manera determinada. A la gente le gusta hablar de sus sueños, de hacer cambios, aunque sean extremadamente pequeños, pero la mayoría de la gente nunca se compromete a hacer estos cambios debido a todo el trabajo duro, el juicio, el miedo, etc. Si una sola persona ve a otra haciendo un cambio, dando un salto de fe, o teniendo éxito, entonces podría decidir hacerlo también. La gente tiene que sentirse inspirada. Tenemos la capacidad de hacer eso por los demás.

Nunca tendrás lo que quieres si no vas a por ello. La respuesta siempre será no si no te haces la pregunta correcta. Siempre estarás en el mismo lugar si no avanzas.

. . .

El cambio puede dar miedo. Algo que da aún más miedo es mirar atrás y arrepentirse de no haber hecho ningún cambio. No hay nada más importante que vivir una vida de la que te sientas orgulloso. Tienes que hacerte estas preguntas:

¿Soy feliz haciendo lo que hago? ¿Son estas cosas las que mejoran mi vida? ¿Me gusta levantarme cada mañana?

Si no puedes responder afirmativamente a todas estas preguntas, tienes que encontrar la fuerza para hacer cambios y empezar cosas nuevas.

Puedes intentar planificar tu camino en la vida. Tienes que saber que las cosas van a suceder, y que puede que te desvíen. Hay que esperar lo inesperado.

Experimentar la verdadera felicidad

Si haces lo que te gusta, vas a ser mucho más feliz. No digo que no vaya a haber días y momentos difíciles en tu camino.

. . .

Incluso si te encuentras con dificultades, tienes la capacidad de trabajar más fácilmente ya que es algo que te apasiona.

Será más fácil para ti levantarte y prepararte para el trabajo cuando vayas a un lugar en el que quieres estar. Si haces lo que te gusta, ni siquiera vas a sentir que estás trabajando.

Vas a estar concentrado. Serás capaz de estar plenamente en el momento ya que tu mente no va a estar divagando y pensando en cosas mejores. Tus conversaciones y sonrisas serán genuinas, y atraerás a gente más feliz.

Conocer gente nueva

No importa dónde vayas en la vida, vas a conocer a gente nueva. Inspiradores, humildes, egoístas, introvertidos, despistados, educados, malhumorados, testarudos, negativos, motivados, perezosos, enérgicos, en forma, despreocupados, políticos, miserables, felices, enfermos, sanos... esta lista puede ser interminable. Por no hablar de todas las personas de diferentes orígenes y culturas educativas y religiosas. La diversidad de las personas en este mundo es asombrosa. Con demasiada frecuencia nos quedamos atrapados en nuestros pequeños mundos y nos volvemos estrechos de miras.

Cuando ampliamos este mundo, nos abrimos a aprender más, a desafiar nuestros pensamientos y a ampliar nuestra red.

No puedes saber lo que puede surgir de una relación, conversación o interacción. Puede que encuentres a tu nuevo empleador, a tu mujer, a tu marido, a tu mejor amigo, una conexión con otra oportunidad o la chispa de la próxima gran idea. Tienes que ampliar tu red.

Aprender cosas nuevas

Si te has graduado o estás a punto de hacerlo, probablemente ya estés pensando en empezar tu "carrera". Una vez que tengas un trabajo, no significa que tengas que dejar de aprender. Aprendemos durante toda nuestra vida. Todo el mundo nace con una mente curiosa. De hecho, nuestros cerebros anhelan nuevos conocimientos e información. Es importante que no dejemos nunca de buscar cosas nuevas, investigar, leer o hacer preguntas.

Elige una carrera que sepas que te va a encantar. Si ya estás trabajando y no te gusta tu trabajo, cámbialo. Hacer las cosas que te gustan te va a abrir oportunidades y puertas que te permitirán conocer gente nueva y crear nuevos ambientes. Te ayudará a conocer el mundo y la gente que te rodea.

Puedes hacerlo mientras aprendes más sobre ti mismo.

¿Qué te hace salir de la cama?

¿Qué le impulsa a hacerlo mejor?

¿Cuáles son sus talentos y puntos fuertes?
    ¿Cuál es su objetivo?

¿Qué le apasiona?

Cuando respondas a las preguntas anteriores, podrás averiguar qué carrera es la mejor para ti y qué te hace realmente feliz. Puede que tengas que buscar alguna carrera diferente o hacer varios cambios de trabajo antes de encontrar la "única", pero merecerá la pena.

. . .

Acepta el reto

Cuando salgas de tu zona de confort, estarás desafiándote a ti mismo y dejando atrás lo que conoces. Está bien cerrar puertas en tu camino. No es por arrogancia, incapacidad u orgullo, sino simplemente porque no te llevan a ninguna parte. Si sientes que necesitas un reto y quieres esforzarte, un cambio de carrera o de escenario puede ser la respuesta.

Puede que tengas que volver a estudiar, matricularte en algo nuevo o dar un salto de fe y hacer algo que no necesite ese título que tanto te costó conseguir.

Cuando te sitúas en un nuevo entorno, con nuevas pautas y reglas, rodeado de gente nueva, te estás abriendo a nuevas oportunidades. Tus pensamientos y opiniones van a ser desafiados a través de un mayor aprendizaje y conversación.

No vas a conocer tus verdaderas capacidades hasta que te pongas en una situación que te desafíe constantemente. Pueden surgir ideas. Puede que te lleven a lugares o cosas que no creías posibles sólo porque te has desafiado a ti mismo.

· · ·

Si no te desafía, no te cambia.

8

Sé feliz contigo mismo

¿Has experimentado alguna vez la verdadera felicidad sólo para ti en algún momento de tu vida? Nos referimos a esa sensación que tenías cuando eras un niño inocente que simplemente disfrutaba del tiempo de estar despreocupado sin una sola preocupación. Cuando ibas al colegio gratis y luego llegabas a casa a ver tus programas favoritos y todos esos momentos que pasabas con tu familia durante la cena o jugando con tus amigos. Eran tiempos estupendos, ¿verdad?

¿Cómo es la vida adulta? Esos préstamos estudiantiles probablemente te han hecho retroceder. ¿Qué hay de encontrar ese trabajo soñado que te hará ganar un montón de dinero, o haber estado en múltiples relaciones fallidas en las que te enamoras del mismo tipo de persona que no piensa en ti? Sí, es una mierda, lo entiendo. Probablemente te sientas deprimido de vez en cuando, o te sientas insatisfecho con la forma en que es tu vida porque la sociedad nos ha hecho poner unos estándares muy altos.

La sociedad nos ha hecho pensar que tenemos que ser ricos y exitosos para vivir una vida cómoda y feliz. Entonces, ¿estás realmente contento contigo mismo y con tu situación?

Hay algunas personas que están contentas con su vida, vivan o no en el regazo del lujo, y eso es estupendo. Sin embargo, hay muchas otras que, por mucho dinero que tengan, se deprimen porque sienten que no tienen todo lo que querían, o se olvidan de anteponer su felicidad. Uno de los mayores problemas a los que se enfrenta la gente para alcanzar sus objetivos es no ser feliz. Demasiadas personas dicen: "Seré feliz cuando..." cuando se trata de alcanzar sus objetivos y cambiar sus hábitos. Esto no ayuda nada, y tienes que empezar a poner tu felicidad en primer lugar, ahora mismo.

Todos pensamos que para ser felices tenemos que averiguar qué necesitamos en la vida para estar satisfechos. Siempre sentimos que hay algún hueco que necesitamos llenar.

Siempre buscamos más. Cometemos errores que nunca superamos. Nos cuestionamos nuestra vida y nuestra razón pero no encontramos una respuesta. Estoy aquí para hacerte saber que tú eres el responsable de tu propia felicidad y nadie más.

Es muy importante averiguar qué es lo que quieres para ti.

¿Qué es lo que te entusiasma cuando sólo piensas en ello? ¿Has intentado alguna vez aprender a ser seguro de ti mismo, independiente y feliz? ¿Te gusta el trabajo en el que estás actualmente? ¿O simplemente trabajas allí porque te permite pagar las interminables facturas de cada mes?

Si no eres feliz, ahora mismo, con lo que eres y con el rumbo que parece tener tu vida, es hora de hacer un cambio. Conozco personalmente a una mujer que decidió hacer el cambio, se tomó un año entero y vivió en Australia para descubrir quién era después de graduarse. Durante este tiempo, no tuvo familia ni amigos con ella y terminó en una relación poco saludable simplemente porque tenía miedo de estar sola y no creía que pudiera salir adelante por sí misma.

Durante los primeros cuatro meses de su viaje, no fue ella misma. Descubrió que siempre se sentía deprimida. Estaba en su punto más bajo y no tenía apenas motivación para hacer nada, pero fue entonces cuando agarró su vida por los cuernos y tomó las riendas.

Fue capaz de hacer cambios aceptando los problemas y defectos que tenía. Fue entonces cuando empezó a marcarse objetivos a corto plazo, y fue entonces cuando las cosas empezaron a cambiar para ella. Pudo encontrar el trabajo de sus sueños y pudo verse a sí misma como la mujer increíble que era. Empezó a viajar sola por toda Asia y Australia y encontró su belleza interior.

Esto le ha dado una visión completamente diferente de la vida y le ha abierto los ojos a las oportunidades que tenía.

Es más feliz consigo misma porque se tomó el tiempo de alejarse de las personas tóxicas y estresantes que había conocido en su vida. Como se quería a sí misma y estaba contenta con lo que era en su momento más bajo, empezó a hacer los cambios que necesitaba para ser feliz en su vida.

Tú eres la persona más importante de tu vida porque eres la única que entiende lo que es mejor para ti. Es tu mente la que te juega malas pasadas e intenta alejarte de las cosas que necesitas. Nunca es demasiado tarde para encontrar la felicidad dentro de ti y empezar a hacer esos cambios para poner la felicidad en el centro de tu vida, pase lo que pase.

Tú eres el único que puede ocuparse de ti y sacar el máximo partido a tu vida. Deja de permitir que los demás te digan que no eres capaz de hacer algo o que sus juicios sobre la forma en que vives tu vida se interpongan en lo que crees que es importante. Debes ser honesto contigo mismo y estar seguro de que te conoces mejor que nadie. Sé la mejor versión de ti mismo que ya eres y sabe que nunca estás solo si te tienes a ti mismo.

Dejar de poner excusas

¿Te has encontrado alguna vez inventando excusas cuando las cosas no han ido como querías? ¿Ha habido momentos en los que no has asumido la responsabilidad de las circunstancias y los acontecimientos de tu vida? ¿Has intentado alguna vez explicar por qué no quisiste, no debiste, no pudiste o no hiciste algo?

Todas estas son pequeñas señales que muestran que estás viviendo una vida llena de excusas. Todas estas excusas te impedirán desarrollar todo tu potencial. Pero, ¿Qué son las excusas?

. . .

Las excusas son simplemente racionalizaciones que la gente inventa sobre las circunstancias, las personas y los acontecimientos. Son razones inventadas para defender nuestras acciones, para no asumir responsabilidades o para posponer la acción. Las excusas consisten principalmente en echar la culpa de un problema interno a una condición externa.

Hay muchas razones por las que ponemos excusas. De hecho, cada persona tendrá una variedad de razones para hacerlas. Pero, en su mayor parte, los motivos de las excusas entrarán en una de estas categorías:
- Percepción de falta de recursos o de confianza
- Miedo a cometer errores
- Miedo a la responsabilidad
- Miedo a la incertidumbre
- Miedo al cambio
- Miedo al éxito
- Miedo a la vergüenza Miedo al fracaso

Para deshacerte de las excusas, tienes que encontrar la manera de deshacerte de tus miedos. El miedo nos encierra y atrapa en nuestra zona de confort. Sin embargo, la naturaleza del miedo se entiende principalmente. Normalmente, los miedos surgen porque nos falta perspectiva, experiencia, recursos, información o comprensión. Si por alguna razón, te falta en una de estas áreas, vas a empezar a luchar naturalmente con la confianza en ti mismo. Esto hará que no des los pasos necesarios que podrían ayudar a llevar tus objetivos hacia adelante. A su vez, empezarás a poner excusas en un débil intento de aumentar tu autoestima. Lo único que esto hace es crear una ilusión de seguridad. Lo único que hacen esas excusas es impedir que alcances tus objetivos y cambies de hábitos.

Esas excusas son como analgésicos y simplemente enmascaran el verdadero problema.

Las excusas no sólo te impiden alcanzar todo tu potencial, sino que también te impiden ver tus puntos fuertes, tus habilidades y las oportunidades que podrían ayudarte a superar tus problemas. Las nuevas oportunidades están a la vuelta de cada esquina, pero no podrás encontrarlas si llevas una vida de excusas interminables.

Cuando vives una vida llena de excusas, podrías enfrentarte:

Bloqueos mentales que ahogan la creatividad y la acción proactiva.
- La constricción de su zona de confort.
- Paranoia que le impide tomar medidas decisivas.

- Poco criterio a la hora de tomar decisiones importantes.
- Una perspectiva pesimista.
- Lamentos continuos en situaciones de "qué pasaría si".
- Creencias autolimitantes autoimpuestas.
- La falta de crecimiento y responsabilidad.

Estas cosas definitivamente no le proporcionarán una vida satisfactoria. De hecho, te paralizarán y te impedirán avanzar.

El primer paso para superar las excusas es admitir que las estás poniendo. Sin embargo, esto puede ser difícil. Sin embargo, es importante hacerlo si quiere evitar sucumbir a las consecuencias.

En primer lugar, hazte estas preguntas:
1. ¿Qué excusas pongo?
2. ¿Con qué cosas me estoy conformando?
3. ¿Por qué pongo excusas?

Por último, piensa en algunas consecuencias que podrían ocurrir como resultado de poner estas excusas.
1. ¿De qué manera las excusas están paralizando mi capacidad de conseguir las cosas que quiero?

2. ¿Cómo me impiden las excusas avanzar?

Ahora bien, hay alrededor de todos los tipos comunes de excusas que la gente pone. Cada una de ellas está causada por ciertas creencias que se tienen sobre una situación.

1. "No tengo suficiente tiempo".

Esta excusa significa que te falta dirección, disciplina, concentración o pasión. También puede significar que tus prioridades están desordenadas y que te cuesta gestionar tu tiempo. También podría significar que no valoras tu tiempo. En realidad, podrías culpar a la pereza y a la procrastinación. Cuando pongas esta excusa, pregúntate: "¿Cuánto deseo esto?". La falta de deseo puede ser motivo de preocupación.

2. "No tengo dinero".

Cuando utilizas esta excusa, no crees que el dinero sea una prioridad en la vida. También es posible que estés buscando una forma fácil de ganar dinero y, por lo tanto, no tengas la paciencia, la persistencia, la determinación o el deseo de alcanzar la seguridad financiera. Si pone esta excusa, puede que quiera leer libros sobre finanzas o encontrar un entrenador o mentor financiero.

3. "No tengo la suficiente educación".

Este tipo de excusa se debe a la falta de deseo, inspiración y creatividad. Puede significar que te falta la voluntad de trabajar duro para alcanzar tus objetivos. Hay mucha gente rica que no tiene más que un diploma de secundaria. Pero lo que sí tienen es el deseo de trabajar duro.

4. "Soy demasiado viejo/joven".

Esto significa que hay una falta de perspectiva, confianza o comprensión. Aunque su edad puede hacer que sea un poco más difícil conseguir ciertas cosas, no significa que sea imposible. A un perro viejo se le pueden enseñar trucos nuevos, pero sólo si se trabaja en ello. La edad también tiene la capacidad de trabajar a tu favor. Es importante que te esfuerces en aprender de tus errores y fracasos.

5. "No sé cómo".

Esto significa que te falta confianza y autoestima en tus capacidades. También demuestra que no te has tomado el tiempo necesario para aprender, practicar o ganar experiencia. La forma de combatir esto es aprender a hacer lo que quieres hacer.

6. "No puedo cambiar".

Esto demuestra que te falta motivación y razón para cambiar. También es probable que no hayas encontrado el dolor emocional para acelerar el cambio.

· · ·

Empieza a ver las consecuencias nefastas de no cambiar para encontrar la motivación para cambiar.

7. "Tengo miedo de fracasar".

Esta excusa demuestra que te falta experiencia, conocimiento, confianza o comprensión. Es nuestra perspectiva del miedo lo que nos asusta, no lo que realmente tememos.

Cuando tienes suficiente experiencia, empiezas a desarrollar confianza y competencia.

8. "No es el momento adecuado".

Esta excusa demuestra la falta de recursos, información y perspectiva. Hay ocasiones en las que no es el momento adecuado para pasar a la acción, pero, en la mayoría de los casos, se trata simplemente de una excusa que demuestra la falta de comprensión. Para superar esto, tienes que conseguir los recursos que necesitas para alcanzar tu objetivo.

9. "Primero tengo que planificar a fondo".

Este tipo de excusa se debe a la falta de perspectiva o al miedo. Planificar está bien, pero si lo único que haces es planificar, es probable que tengas un miedo que te impide avanzar. Averigua qué es lo que te da miedo para poder superar la fase de planificación.

10. "Simplemente no funcionará".

Esta excusa demuestra una falta de determinación, perspectiva, paciencia, creatividad, motivación o autoestima.

Todas estas cualidades son cruciales si quieres alcanzar tus sueños.

11. "No estoy inspirado".

Esta excusa demuestra que tienes malos hábitos que te están causando falta de autodisciplina. Indaga en tus hábitos diarios para averiguar cómo puedes cambiar tus rituales diarios para encontrar la inspiración. La falta de sueño podría ser la causa de tu falta de autodisciplina.

Si identificas tu tipo de excusa más común, podrás superarla fácilmente y empezar a avanzar en tu vida.

Acepta lo que sientes

. . .

Las investigaciones han descubierto que una de las principales causas de la mayoría de los problemas psicológicos es la evitación emocional. Esto puede resultar sorprendente, teniendo en cuenta que hemos hablado de lo malo que es quedarse atrapado en las emociones negativas.

Al fin y al cabo, las emociones negativas no son divertidas y suelen estar vinculadas a acontecimientos negativos que lo único que queremos es olvidar y evitar. Además, todos estamos muy familiarizados con el alivio que nos produce la evitación. Sin embargo, a largo plazo, la evitación te llevará a un problema mayor que aquel del que has intentado huir.

Evitar una emoción negativa sólo le proporcionará una ganancia a corto plazo a un precio a largo plazo. Hay muchas razones por las que la evitación emocional es perjudicial para ti.

En primer lugar, las búsquedas importantes en la vida y los objetivos podrían implicar pasar por algunos momentos difíciles, y la falta de voluntad para afrontar esos momentos podría reducir tus horizontes. Con el tiempo, la evitación se convertirá en una prisión porque con el tiempo empezarás a sentir que tienes que evitar muchos lugares, experiencias, personas y situaciones que podrían causar una emoción negativa.

En segundo lugar, esos intentos de evitar las emociones negativas tienden a ser inútiles. Hacerte creer que ciertas emociones son peligrosas o intolerables te atrapa en un estado constante de vigilancia cuando se trata de cosas que debes evitar. Estarás atormentado por el miedo a las experiencias negativas inminentes.

En tercer lugar, la evasión emocional suele implicar la negación de la verdad, lo que no es bueno para una vida sana. Es como si miraras fuera y vieras nevar, y luego te dijeras a ti mismo: "No puede estar nevando".

Por último, la evitación aumenta el periodo de ansiedad anticipatoria y la anticipación suele ser más nociva que la situación. Esto se debe normalmente al hecho de que tu imaginación no tiene límites. Tu cabeza puede llevarte a donde quieras con respecto a cosas que no han sucedido. Lo que realmente ocurre tiende a ser menos catastrófico.

Es importante que entiendas la función de las emociones. Considera las emociones como una fuente de información. Tus emociones te permiten saber lo que ocurre a tu alrededor y contigo. Sin embargo, las emociones no son la única fuente de información que tienes disponible. También puedes utilizar tus pensamientos racionales, tus experiencias y conocimientos almacenados, y tus objetivos y valores. La información que obtienes de tus emociones debe ser evaluada y valorada a la luz de estas otras fuentes de las que dispones para que puedas saber cómo comportarte. Esto también evita que caigas en la trampa emocional negativa que hemos mencionado antes.

Cuando consideras las emociones como parte de un espectro de todas las fuentes de las que dispones, se convierten en un informe meteorológico.

Es importante entenderlas, considerarlas y conocerlas, pero no deben ser el factor primordial en tu vida. Cuando el tiempo no es de tu agrado, no significa que tengas que negarlo, centrarte completamente en él o cancelar planes.

Lo importante es que aceptes el tiempo y cambies tus planes en consecuencia. Si tengo que recoger a mi hija a las 4:00 en el colegio, pero empieza a nevar y no me gusta, no voy a perder mi tiempo y mi energía poniendo el grito en el cielo, ni voy a dejar a mi hija en el colegio. Lo que sí voy a hacer es asegurarme de salir de casa 15 minutos antes y conducir con seguridad para recogerla.

Todos somos humanos, así que vamos a experimentar muchas emociones diferentes, al igual que hay todo tipo de climas. Cuando aceptas tus emociones, te afirmas en que eres humano. Esto hace que la aceptación emocional sea una opción mucho mejor que la evitación.

La aceptación emocional significa que estás dispuesto y eres capaz de aceptar y experimentar tus emociones negativas.

La aceptación le proporciona muchas ventajas. En primer lugar, cuando aceptas tus emociones, aceptas la verdad de lo que está pasando. Esto significa que no gastarás tu energía en tratar de alejar tus emociones.

En lugar de ello, después de reconocer la emoción, puedes intentar llevar a cabo acciones que te alineen con tus valores y objetivos.

En segundo lugar, cuando aceptas tus emociones, te das la oportunidad de aprender más sobre la emoción y familiarizarte con ella. Aprendes a trabajar con ella en lugar de intentar ignorarla. La evitación no te enseñará estas cosas porque no podrás aprender a hacer algo si no lo haces realmente.

. . .

En tercer lugar, la aceptación es como decir: "Esto no es tan malo". Y esta es la verdad, las emociones negativas no son divertidas, pero tampoco te van a hacer daño. Experimentarlas por lo que son será menos pesado que intentar evitarlas constantemente.

Por último, cuando trabajas para aceptar una emoción negativa, ésta suele perder su capacidad destructiva. Aunque esto puede parecer contraintuitivo o sorprendente, si te tomas el tiempo de pensar en ello, verás la lógica. Si un nadador se ve atrapado en una resaca y empieza a sentir que es arrastrado hacia el océano, y entra en pánico, empezará a intentar nadar contra la corriente. A menudo acabará fatigándose, sufriendo calambres y posiblemente ahogándose.

Sin embargo, si el nadador no entra en pánico y simplemente se deja llevar por la corriente hacia el océano, en unos cientos de metros la corriente se debilitará y podrá nadar de vuelta.

Lo mismo ocurre cuando se trata de una emoción poderosa. Presionar contra ella es inútil y puede ser peligroso. En cambio, si aceptas esta emoción, simplemente seguirá su curso, lo que te dará la oportunidad de seguir el tuyo.

. . .

Vive tu vida

Una de las principales causas de que una persona sienta que le falta algo en su vida es que está viviendo la vida de otra persona. Han permitido que otras personas determinen o influyan en las decisiones que toman. Quieren complacer las expectativas de la otra persona.

La presión social es muy engañosa, y todos caemos en ella de vez en cuando sin darnos cuenta. Antes de darnos cuenta de que hemos perdido el control de nuestra vida, acabaremos envidiando cómo viven los demás. Sólo somos capaces de ver la hierba más verde, y la nuestra nunca es lo suficientemente verde. Para recuperar tu pasión, tienes que recuperar la propiedad de tus decisiones.

Tratar de complacer a los demás es como perseguir un blanco móvil. La gente va a tener múltiples esperanzas en ti.

La presión de la sociedad fluctuará. Si intentas complacer constantemente a todo el mundo, acabarás por no complacer a nadie, ni siquiera a ti mismo. Las expectativas son simplemente ilusiones. Esta es la razón por la que la mayoría de la gente no vivirá la vida que desea, y esto les hace sentirse decepcionados y frustrados.

La frustración que sientes en la vida está causada por un vacío entre lo que la gente espera que hagas y lo que realmente eres. Para salvar ese vacío, tienes que replantear tu relación con las expectativas de los demás. Las expectativas forman un contrato social entre tú y los demás. Si no te opones a ello, los demás asumirán que estás de acuerdo con sus expectativas.

Tienes que hablar, o todo el mundo seguirá invadiendo tu vida. Si no estás dispuesto a oponer algún tipo de resistencia, no sólo estás diciendo que el contrato social está bien, sino que se convierte en una práctica. Con el tiempo, vas a empezar a hacer lo mismo con otras personas. Cuando permitas que otras personas dicten tu vida, querrás dictar la suya.

No esperar que los demás hagan algo es el primer paso que debes dar para evitar que la gente pueda decirte cómo vivir. La vida es una calle de doble sentido. Cuando te das cuenta de que nadie te debe nada, dejas de esperar que la gente te deba algo.

. . .

El primer paso que hay que dar para superar todas esas expectativas es tratarse a uno mismo con amabilidad. Para cuidar de los demás, tienes que asegurarte de que te cuidas tú primero. Ponte la máscara de oxígeno a ti mismo antes que a los demás. Acéptate a ti mismo, con defectos y todo, y esto creará los cimientos de una amistad increíble.

Entonces tienes que poner límites a las personas de tu vida. Si no tienen límites, tratarán de controlarte tanto como puedan. Así que, la próxima vez que empiecen a intentar decirte lo que tienes que hacer, habla. Crea límites y aprende a trazar una línea.

Cuando aprendas a vivir tu vida para ti, verás que tus objetivos y hábitos empiezan a encajar fácilmente.

Salir de la zona de confort

Es tan fácil entrar en la rutina y sentirse cómodo con cómo son las cosas.

Si tu vida laboral y tu vida familiar son buenas, ¿por qué razón ibas a cambiarlas y arriesgarte a que las cosas fueran mal? Pensamos que tenemos que empujarnos a nosotros mismos para ampliar nuestros horizontes con el fin de mejorar cada día en lo que tengamos que hacer para crecer.

Cuando decides superar tu zona de confort, no tiene por qué ser algo extremo, como hacer puenting o emprender un proyecto del que no sabes nada. La zona que tienes que encontrar se llama zona de "ansiedad óptima". Esta zona es en la que tus habilidades aumentarán, serás más productivo y estarás más alerta. Si la ansiedad y el malestar son demasiado elevados, no vas a ser productivo y puede que te desconectes.

Para acostumbrarte a salir de tu zona de confort, prueba a dar estos pequeños pasos:
- Lee un tema sobre algo que no sabes nada Haz algo espontáneo y divertido
- Salir con alguien que es tu opuesto total Conducir una ruta diferente al trabajo
- Probar nuevos alimentos

Suele ser más fácil dar algunos pasos para salir de tu zona de confort con la ayuda de un equipo de apoyo o un mentor.

Si conoces a alguien que está dispuesto a ayudarte y a darte ánimos, puede hacer que los cambios te parezcan menos aterradores. Puede que te presenten cosas nuevas, cosas en las que nunca habrías pensado por ti mismo. Tener un mentor significa que te hace responsable y evita que vuelvas a tu zona de confort.

Cuando sales de tu zona de confort, te vuelves más productivo. Incluso puede despertar tu creatividad y hacerte más flexible cuando ocurren cosas inesperadas. Aprender cosas nuevas en la vida también puede hacerte más feliz.

La ciencia detrás de la zona de confort

Tu zona de confort es un espacio en el que tus comportamientos y actividades encajan en un patrón y una rutina que minimiza el riesgo y el estrés. Te da seguridad mental. Te beneficias de algunas formas obvias: reducción del estrés, baja ansiedad y felicidad.

Estar en un estado de confort puede crear un nivel de rendimiento constante. Si quieres maximizar tu rendimiento, necesitas estar en un estado de ansiedad. Este es un espacio en el que tus niveles de estrés están justo por encima de lo normal. Como ya se ha dicho, si nos sometemos a demasiada ansiedad, puede ser contraproducente y tu rendimiento bajará bastante.

Si te presionas demasiado, podría crear un resultado negativo. Refuerza la idea de que desafiarse a uno mismo es malo. La naturaleza humana es permanecer en nuestra zona de confort sin ansiedad.

Una zona de confort no es mala ni buena. Es un estado normal hacia el que se mueven muchas personas. Salir de ella supone un aumento de la ansiedad y el riesgo que puede tener resultados tanto negativos como positivos. No veas tu zona de confort como un lugar que te impide tener éxito.

Todos necesitamos un espacio en el que no estemos estresados o ansiosos para poder procesar todos los beneficios que se producen cuando salimos de esa zona.

Lo que ocurre cuando pruebas cosas nuevas

La "ansiedad óptima" es un lugar en el que tu rendimiento y productividad han alcanzado su punto máximo. Mucha gente piensa que la mejora de la productividad y el aumento del rendimiento significan simplemente más cosas que hacer.

. . .

Pero, ¿qué ocurre realmente cuando sales de tu zona de confort?

Serás más creativo y tendrás una mejor lluvia de ideas

Esto no es un gran beneficio, pero es sabido que cuando buscamos nuevas experiencias, aprendemos nuevas habilidades y abrimos las puertas a nuevas ideas, nos educamos e inspiramos de una manera que nada más nos daría. Cuando probamos cosas nuevas, tenemos que pararnos a pensar en las viejas ideas y en cómo chocan con los nuevos conocimientos. Esto nos inspira a aprender más y a desafiarnos a nosotros mismos. Nos gusta encontrar información con la que ya estamos de acuerdo. Una experiencia incómoda puede ayudarnos a tener una lluvia de ideas, a ver los viejos patrones de una forma nueva y a afrontar cualquier reto que se nos presente.

Será más fácil superar los límites

Cuando empiezas a salir de tu zona de confort, cuanto más lo haces, más fácil te resulta. Cuando empieces a salir de tu zona de confort, te acostumbrarás a estar en un estado de ansiedad óptimo. Algunas personas lo llaman "malestar productivo". Esto se convertirá en algo normal para ti y estarás dispuesto a esforzarte más antes de que tu rendimiento se detenga.

Puede manejar mejor los cambios inesperados

Lo peor que puedes hacer es fingir que la incertidumbre y el miedo no existen. Cuando te arriesgas y te desafías a hacer cosas que normalmente no haces, puedes experimentar cierta incertidumbre en un entorno controlado. Vivir fuera de tu zona de confort cuando lo deseas puede ayudarte a prepararte para los cambios en la vida que te obligarán a salir de ella.

Serás productivo

La comodidad puede acabar con tu productividad porque si no tenemos una sensación de inquietud, que se produce por el cumplimiento de las expectativas y los plazos, normalmente nos limitamos a hacer lo mínimo posible para salir adelante. Perderemos la ambición y el impulso de aprender cosas nuevas. También podemos caer en una trampa en el trabajo en la que fingimos estar ocupados para mantenernos dentro de nuestra zona de confort y no tener que hacer nada nuevo. Cuando superas tus límites personales, encuentras mejores formas de trabajar, haces más cosas y alcanzas tu nivel.

. . .

Celebra cada victoria

He sido duro contigo, ¿verdad? Puedes estar tranquilo, lo difícil ya está hecho. A partir de ahora, no voy a darte más que elogios y aplausos.

Te lo mereces y deberías estar orgulloso de ti mismo.

Antes de festejar y celebrar lo genial que eres, hay una última cosa que tienes que entender sobre la positividad.

Es algo que tú creas

Lo sé, lo sé, me he pasado muchas páginas explicando exactamente cómo es algo que permites en lugar de encontrar, pero sigue siendo válido. Cuando trabajas activamente para mejorarte a ti mismo, te conviertes en agente de tu propia felicidad. Así que aquí está la verdad definitiva; la verdad que supera todas las demás verdades.

Cuando te comprometes a hacer ejercicio para conseguir esas endorfinas o tu aspecto, peso o condición ideales, estás tomando el asunto en tus manos y creando tu propia mentalidad positiva. Lo mismo ocurre cuando te enseñas a ti mismo a tener pensamientos más felices, a decir palabras bonitas, a ser más considerado con los demás y a mantenerte organizado. De hecho, si te has sentido negativo, o has descubierto esas partes de ti mismo que no te gustan mucho, has empezado a crear tu propia positividad cuando has decidido seguir y leer este libro. Ya he reiterado muchas veces que la positividad es un viaje y que tu mentalidad no cambiará de la noche a la mañana. Eso es cierto.

Pero la verdad es que diste tus primeros pasos hacia ella antes de que yo te enseñara nada porque tomaste tu propia decisión de buscar orientación y aprender un par de cosas sobre cómo cambiar.

¿Sabes lo que pienso de eso? Creo que es brillante y digno de honor. Me gusta dar crédito a quien lo merece, y resulta que a ti te corresponde mucho. Tampoco le quito importancia a esto. El último paso para ser más positivo es abrazarlo, reconocerlo y aceptarlo cuando existe. Esta práctica, la de celebrarse a sí mismo cuando hace algo bueno, es tan necesaria como las demás. Completa el círculo, así que no te atrevas a saltarte ésta, ¿vale?

Puede que te parezca una tontería, pero la positividad empieza y acaba en ti. No quiero sonar a tópico, pero eres digno. Es hora de que te des cuenta de ello y tomes medidas para adorarte por todo lo genial, poderoso y encantador que eres.

¿Quién es un buen humano?

Lo eres. Lo digo en serio.

¿No te parece una tontería que premiemos a todos y a todo lo demás por un trabajo bien hecho, aunque sea una tontería, pero que nunca hagamos lo mismo con nosotros mismos?

Ya sabes a qué me refiero. Si un niño pequeño se acerca a ti y te dice "¡Oye! ¡Mírame!" y luego se queda ahí sin hacer absolutamente nada, ¿sabes lo que harás? Responderás con positividad. Aplaudirás, dirás "¡qué bien!" o "¡bien hecho!" e incluso chocarás los cinco. Le dirás a tu gato que es maravilloso, aunque te arrancaría la cara a mordiscos si te murieras delante de él y no hubiera nadie cerca para detenerlo. Le dices a tu perro que es un buen chico por no hacer absolutamente nada. Quiero que hagas lo mismo contigo. Celebra tus logros, aunque parezcan insignificantes.

. . .

Es alentador, y te hará bien, si no un poco tonto. Pero la tontería es algo bueno. Es positivo y divertido, así que no veo cómo puedes perder aquí. Es algo que se puede ganar.

Ahora, ve y felicítate tú también por haber ganado dos veces.

Dejando a un lado las tonterías, es posible que no te des cuenta de lo mucho que consigues en realidad cada día, sobre todo cuando la negatividad te arrastra a sus garras.

Así que no has conquistado el mundo. No te sentiste bien, ni te arreglaste, ni hiciste eso que te prometiste que harías.

¿Pero sabes lo que hiciste? Abriste los ojos esta mañana.

Continuaste respirando. Te has sobrepuesto a tu negatividad para ir a trabajar, o para cocinar la cena de tu familia, o incluso para leer este libro con la esperanza de que te ayude a vivir una vida más feliz. Hiciste lo mejor que pudiste, incluso si lo mejor fue simplemente permanecer despierto y luchar un día más.

. . .

Eso es lo que hacen los buenos humanos. Sigues aquí, sigues aguantando. Estás aprendiendo, creciendo y cambiando. Y creo que eso es increíble. A esto me refiero cuando digo que debes celebrarte a ti mismo. Deja de relegarse a un segundo plano y aprecia todo lo que has hecho para estar aquí. La existencia humana puede ser difícil a veces, y el hecho de que no te hayas rendido todavía y hayas decidido mejorar tu situación demuestra que eres un verdadero guerrero. O una estrella del rock. ¡Lo que te parezca más chévere!

Recoge tus propias recompensas

Ya he hablado del refuerzo positivo a través de la promesa de recompensa, así que no me extenderé mucho más al respecto. Sólo quiero explicarte que la misma idea puede aplicarse también de otras maneras fuera de la disciplina.

Hazte un cumplido cuando hagas algo bueno, o bonito, o genial. Dígase a sí mismo que está guapo cuando piense de verdad que lo está. Ponte un apodo basado en tus puntos fuertes, para poder destacarlos cada vez que conozcas a alguien nuevo. Es ridículo, pero funcionará. Lo importante es que te recuerdes a ti mismo y premies tu genialidad, no sólo tus esfuerzos. No puedes ser todo trabajo y nada de diversión. ¿Qué clase de vida es esa?

. . .

Lo único que necesitas es asegurarte de no exagerar. Si te premias demasiado fuera de tus compromisos, el autosoborno que utilices dentro de ellos no tendrá tanto efecto. Así que ten cuidado, ¡pero diviértete con ello!

Toca tu propio son

Puede que quieras recapitular la sección sobre la confianza en sí mismo para este caso, porque lo que vas a hacer es alardear de lo que tienes. Esto puede ser absolutamente cualquier cosa, desde un cuadro que hayas hecho hasta una canción que te guste interpretar, pasando por tu opinión sobre algo, o incluso las cosas superficiales como tu aspecto, o una foto elegante de la comida que estás comiendo.

Nos reprimimos por miedo a las críticas. Quiero que rompas ese hábito y lo sustituyas por uno mucho más saludable: ser tú y estar orgulloso de ello.

La única condición aquí es que sólo presumas cuando sea un acto de amor propio. No utilices esto como excusa para ser arrogante, tóxico, condescendiente u otras cosas negativas. Eso anulará el propósito de alimentar una mentalidad positiva que perdure.

· · ·

Recuerda que, aunque la confianza y la autoestima son diferentes, se consideran dos caras de la misma moneda y si alimentas una, es probable que la otra también crezca.

Cuando hagas alarde de las cosas de las que te sientes orgulloso, ten en cuenta cómo te sientes. Esto te animará a hacerlo más, y pronto tu confianza se convertirá en un hábito, y nadie sabrá que fue forzada. Cuando se convierta en un hábito, también se convertirá en algo sincero y genuino y entonces, realmente tendrás confianza, no tendrás que fingirla.

Da pequeños pasos si es necesario, pero tocar tu propia bocina de vez en cuando es una buena forma de celebrarte a ti mismo, así que aprovecha las oportunidades para hacerlo cuando puedas. Eso sí, intenta no ser insufrible con ello.

Ah, y una regla más. Ten confianza en ti mismo en tus propios términos. No hagas alarde de lo que crees que le gustará a los demás. Presume de lo que estás orgulloso.

Tal vez pienses que irías por ahí presumiendo de lo que tienes si tuvieras a alguien a quien presumir. Este es un problema real para muchas personas. La soledad y el aislamiento pueden mermar el ánimo y hacer que la confianza (o el deseo de confianza) disminuya.

Así que aquí tienes una idea: sal a la calle y encuentra gente que te apoye. Es una forma divertida de dar lo mejor de ti, incluso si estás rodeado de gente que te quiere.

Crea un canal de YouTube o un podcast si aún no estás preparado para presentarte. Incluso algo tan sencillo como un blog o una página de Facebook puede servir. Al principio puede resultar intimidante porque existe el riesgo de que a nadie le interese, o de que los trolls salgan a jugar y dejen comentarios desagradables sobre tu trabajo.

Hay algunas cosas en las que pensar que te ayudarán a sortear o incluso superar esos miedos.

La primera es que, aunque nadie encuentre tu contenido atractivo, sabrás de primera mano que tuviste el valor de intentarlo y eso es algo que a) no mucha gente es lo suficientemente valiente como para hacerlo y b) aumentará tu confianza.

. . .

La segunda es que los trolls no son las únicas personas que existen. También hay gente buena, que te dice cosas amables y te apoya o se relaciona contigo. Nadie que haya creado un grupo de seguidores empezó con millones de ellos. Tuvieron que pasar por el mismo proceso incómodo de encontrar su lugar y luchar contra la inseguridad de "no ser lo suficientemente bueno". Las personas más adoradas de la Tierra empezaron pasando desapercibidas, con muy pocas excepciones.

La tercera es que si no te gusta, puedes dejarlo cuando quieras. Tienes la opción de borrar tus vídeos, o podcasts o cuentas en varias plataformas. Esto es simplemente algo para probar si es para ti. Lo único que necesitas es tu teléfono y las ideas que puedas tener, incluso si todo lo que haces es contar la historia de cómo estás luchando contra tu negatividad. Prueba las aguas, puede que descubras que el agua es la adecuada.

Sé tu propia animadora

Cuando se trata de celebrarte a ti mismo, quiero que hagas especial hincapié en la palabra "a ti mismo".

Sé, mejor que nadie, lo que es sentir que nadie más te apoya y que ser tu propio campeón es una estupidez. No te lo creas. Es tu autoestima la que actúa porque no conoce nada mejor (cree que te comerá un diente de sable si no le gustas a la gente. No te fíes. Realmente no sabe lo que hace).

Sin embargo, esta es la cuestión. Si no hay nadie más en tu rincón, sigue siendo tu rincón, así que estate ahí para ti.

Celebra las pequeñas victorias tanto como las grandes. Cree en ti mismo, aunque los demás también crean en ti. Tú importas tanto como los demás, así que cuéntate a ti mismo como a los demás. ¿Qué te detiene? Realmente. Pregúntatelo a ti mismo.

Soy un gran fan del bricolaje. Apóyate en ti mismo. Canta tus propias alabanzas. Toca tu propio tambor y enarbola tu propia bandera.

Tener seguidores es una sensación increíble, lo admito. No niego que la interacción, el afecto y el estímulo de los demás son importantes y valiosos. Nos da un gran impulso porque valida nuestra autoestima. Si los demás piensan lo mismo, debe tener algún peso, ¿no?

¿Has pensado alguna vez que para ser validado, algo ya tiene que existir? Eres genial (o fuerte, o valiente, o inteligente, o guapa, o lo que sea). No necesitas que otras personas te lo digan. Es maravilloso cuando lo hacen, pero es un eco.

Así que el último reto de la positividad es enseñarte a verte a través de los ojos de los demás. ¿Qué puedo decir? Es una visión hermosa.

Lección aprendida

Los rasgos positivos que ya tienes son dignos de ser reconocidos y celebrados. Si nadie más está cerca para notarlo, eres un buen sustituto, porque no hay nada en este mundo que te impida apoyarte a ti mismo.

Valorarse a sí mismo puede ser el más difícil de todos los pasos, pero si sigues practicando, formarás un hábito de autoestima, amor propio y confianza. Con el tiempo, tu autoestima subirá y el mantenimiento de una mentalidad positiva (la que usarás para seguir trabajando en cada uno de estos pasos) tendrá espacio para crecer hasta convertirse en algo genuino, y por naturaleza, eres una persona positiva.

. . .

Imagina que acaba de empezar un nuevo año y que ahora puede ser el momento de planificar lo que quieres hacer con este nuevo año. Tienes que tomarte un tiempo y hacer un examen de conciencia. Recuerda todos los éxitos que tuviste el año pasado y celébralos. No tienes que detenerte ahí.

Puedes celebrar todos los éxitos que hayas tenido en toda tu vida. No te olvides de celebrar también las pequeñas victorias.

Cuando celebras todas las pequeñas victorias, sabes que estás en el camino correcto hacia el éxito.

Cuando la primavera está a la vuelta de la esquina, mucha gente empieza la limpieza de primavera. Es el momento de dejar ir las cosas. Es esa época del año en la que nos sentimos un poco aletargados en nuestros niveles de energía. Pero también hay una sensación de electricidad en el aire que nos rodea y esperamos los días cálidos del verano y pasar tiempo con la familia y los amigos mientras disfrutamos del aire libre. Esta época del año también puede ser un poco estresante para algunos, ya que están entrando en su época más ocupada del año o puede ser el momento en que no están tan ocupados y entonces empiezan a estresarse por no ganar dinero y por todo el trabajo que tienen que hacer a pesar de no ganar dinero.

A los seres humanos corrientes les gusta centrarse en su "ajetreo diario" y en su lucha por mantener la cordura en tiempos económicos difíciles. Nos centramos tanto en esto que nos olvidamos de celebrar cualquier éxito que tengamos, ya sea en nuestra vida personal o empresarial. Celebrar las pequeñas victorias es un poderoso motivador.

Cuando compartimos nuestras historias de logros y superación, podemos inspirar a otros a librar sus batallas y salir victoriosos.

Antes de enfrascarte en la planificación de las vacaciones de verano o de convertirte en tu propio saco de boxeo por los objetivos que aún no has alcanzado, tómate el tiempo de analizar todo lo que has conseguido y celebra todas esas victorias.

Por qué hay que celebrar

Todo el mundo se fija unos objetivos y se esfuerza por alcanzarlos. Celebrar y reconocer esos éxitos es un poderoso motivador tanto para las personas como para los equipos, ya que refuerza todo el trabajo duro que se hizo para alcanzarlos. Demuestra que aprecia sus logros. Le dará un impulso a su autoestima. También te motivará a dar los siguientes pasos para alcanzar tu próximo objetivo.

Si no practica la gratitud a diario y se toma el tiempo necesario para analizar la semana pasada y alabarse a sí mismo por todo lo que ha ido bien, es posible que no esté celebrando realmente sus éxitos. Es posible que estés atrapado en todo el ajetreo y no celebres los éxitos de tus compañeros de trabajo porque estás demasiado distraído.

Tienes que reconocer todos los esfuerzos tuyos y de los demás tan pronto como puedas. El mero hecho de decir "gracias" a tus compañeros de trabajo puede aumentar su productividad en un 50% aproximadamente. Si tienes un papel de liderazgo, tienes que crear un entorno en el que muestres un agradecimiento constante. Es importante mostrar continuamente el aprecio por el compromiso y el trabajo duro de tus compañeros. Si trabajas para ti mismo, es igualmente importante que te muestres las mismas atenciones.

Recompensarse a sí mismo

. . .

Dar abrazos y agradecer a la gente está muy bien, pero no es una verdadera celebración si no se hace un escándalo. No hace falta gastar mucho dinero. Puede ser tan sencillo como llevar a tu equipo magdalenas y celebrar su éxito mientras se comparten historias. Puede ser tomarse un tiempo libre para hacer cosas divertidas o simplemente descansar.

Incluso puede ser una celebración épica. Haz lo que puedas permitirte. Celebrar el éxito tiene mucho impacto cuando se puede vincular con una recompensa.

A medida que avanza el año, recuerde dedicar tiempo a celebrar sus esfuerzos y los de las personas que le rodean. Si te tomas el tiempo para celebrar tus éxitos hasta la fecha, puede que te sirva de motivación para superar el siguiente mes y poder aspirar a más en el siguiente. Al final del año, apuesto a que cuando mires atrás, te sentirás muy orgulloso de todo lo que has conseguido. Esto debería hacerte sentir muy orgulloso.

Conclusión

¡Mírate, pateando el trasero de la negatividad! Has recorrido un largo camino. Tomemos un momento para recapitular cómo has aprendido a combatir la negatividad.

Has aprendido que un cuerpo sano hace una mente sana y que todos los médicos, científicos, oradores de motivación, entrenadores de vida, mentores, gurús y fanáticos de la salud no han mentido sobre la importancia de cuidarse.

También has aprendido que te intimidas a ti mismo porque estás programado para ello, y que mejorar tu autoestima y tu confianza (y, por tanto, tu sentido de la autoestima) es tan fácil y tan difícil como no preocuparte por lo que digan los demás. Espero que hayas aprendido a quererte más a ti mismo en el proceso.

Conclusión

Entonces, viste el valor de limpiar lo que no es bueno para ti.

Sin embargo, a veces no eres bueno para ti, y tuvimos que cubrir algunos temas serios, como la forma de reconocer tu propia mierda, y cómo comprometerte a arreglar tu actitud y el tratamiento de los demás.

Después de eso, exploraron cómo la negatividad no es siempre algo malo, y cómo la felicidad no es algo que se supone que debemos sentir 24/7. Hablamos de las enfermedades mentales y de cómo prepararnos para que el mundo nos lance grandes bolas curvas.

A continuación, te metí en la cabeza que tu esperanza de ser positivo no significará nada si no tienes disciplina. Sin ella, nunca restablecerás tu mente y fracasarás, repetidamente, porque es la única manera de cambiar.

Por último, te celebramos, porque, en última instancia, eres el dueño de tu propio destino y creaste tu propia magia cuando saltaste al mundo de la ingeniería positiva.

La positividad es una fuerza poderosa que puede cambiar tu vida de una manera que nunca creíste posible. Eso no es mentira. Se ha observado una y otra vez, en todo tipo de personas, instancias y circunstancias. Aunque me propuse demostrarte que no hay magia detrás de cómo ser positivo, el hecho de que la positividad en sí misma es mágica nunca fue discutido. Es transformadora y convin-

Conclusión

cente en el sentido literal de la palabra. La positividad puede llevarte a lugares, porque puedes usarla como motivación. Con la positividad, también tendrás menos miedo de hacia dónde te diriges, o de lo que harás cuando llegues allí.

Una actitud positiva también puede mejorar tus relaciones, tu estilo de vida y tu carrera. Te sentirás mejor contigo mismo y con el mundo porque no tendrás que depender de los revestimientos de plata o de la hierba más verde para tener esperanza, alegría, amor, confianza o espíritu. La luz, a riesgo de caer en un terrible cliché, será la que tú mismo enciendas. Con la suficiente determinación, podría ser la luz más brillante que jamás hayas visto y que ahuyentará la oscuridad tan lejos de ti, que olvidarás que alguna vez estuvo ahí para empezar.

Espero haber alcanzado mi objetivo de mostrarte que tu vida y tu mentalidad están en tus propias manos. Lo que hagas de ella depende de ti, pero depende de lo que utilices para construirla. La positividad es la base sobre la que se asienta la vida feliz que deseas. Fortalécela, y esos tornados y bolas curvas no tendrán ninguna posibilidad de derribarte. E incluso si de alguna manera, de algún modo, lo consiguen y te caes, ahora tienes el conocimiento para volver a levantarte. Habrá que limar algunas arrugas, pero no es nada que una mente fuerte como la tuya no pueda manejar.

Conclusión

Ha sido un viaje muy intenso, y no me sorprenderá que se alegre de ver el final del mismo. No te olvides de celebrarlo.

Has completado su libro, y eso es una pequeña victoria.

Adelante, prémiese. Cuando hayas terminado, sólo queda una cosa que debo pedirte que hagas. Ve a darle una paliza a esos limones que te dio la vida.

Sé que puedes hacerlo. Ahora tú también lo sabes.

www.ingramcontent.com/pod-product-compliance
Lightning Source LLC
Chambersburg PA
CBHW072017070526
44583CB00015B/1516